,50

LA CONCUBINE
DU DERNIER
EMPEREUR

"VOIX CHINOISES"

COLLECTION DIRIGÉE PAR MICHELLE LOI

Zhang Xianliang
La moitié de l'homme, c'est la femme

ZHANG YIHONG

La concubine du dernier Empereur

Traduit du chinois par
Li Lin

avec la collaboration de Michelle Loi

PIERRE BELFOND
216, boulevard Saint-Germain
75007 Paris

Ce livre a été publié sous le titre original
MODAI HUANGFEI
(« Concubine impériale de la dernière dynastie »)
par Shandong wenyichubanshe, Jinan.
Les notes ont été rédigées d'après les témoignages de Li
Yuqin et de Puyi, Pujie, Saga Hiro, Li Shutian, etc.

Si vous souhaitez recevoir notre catalogue
et être tenu au courant de nos publications,
envoyez vos nom et adresse, en citant ce livre,
aux Editions Pierre Belfond,
216, bd Saint-Germain, 75007 Paris.
Et, pour le Canada, à
Edipresse (1983) Inc., 5198, rue Saint-Hubert,
Montréal, Québec H2J 2Y3, Canada.

ISBN 2.7144.2168.7

« J'étais fermement décidé à ne pas prendre une épouse japonaise, parce que je ne voulais pas introduire l'oreille et le regard d'une espionne jusque dans mon lit. Mais ce n'était pas facile à dire ; c'est pourquoi, pressé par le Kantô-gun de faire le choix d'une nouvelle concubine, je ne pouvais que repousser l'échéance sous tous les prétextes possibles... Mais je savais que temporiser n'était pas non plus une bonne méthode, parce que les Japonais pouvaient très bien faire ce choix à ma place et, dans ce cas, je n'aurais plus rien d'autre à faire que de l'entériner. C'est pourquoi je pris sur moi de les devancer : j'allais prendre pour concubine une fille très jeune et d'un niveau d'instruction assez bas. Ainsi, dans mon idée, même si les Japonais en avaient déjà fait leur créature, elle ne serait pas un adversaire difficile à contrer. De plus, en m'y prenant bien, je pourrais peut-être la retourner à mon service. »

Aisin Gioro Puyi

PRÉFACE

Tout le monde connaît l'histoire de Puyi, l'étrange destin de ce personnage ambigu — histrion ou héros de tragédie ? — déposé une nuit, à deux ans, sur la scène de l'Histoire comme d'autres sur le seuil d'une porte, par le calcul d'une vieille Borgia d'Orient, pour devenir le maître de l'Empire du Milieu. Il est à peine adolescent que cet Empire, sans qu'il s'en soit aperçu, a cessé d'exister. Il n'a grandi dans la splendeur et dans l'orgueil que pour voir bafoué son mandat céleste de « Fils du Dragon ». Longtemps cloîtré entre les murs de la Cité interdite (au peuple), dans cette solitude qui est le lot de l'Enfant-Dieu, il y reste ensuite prisonnier du fait de l'interdit (du Peuple) qui frappe les empereurs déchus. Personne ne lui a dit qu'il l'est. Le jour où il découvre le mensonge doré du dedans et la réalité incroyable qui commence à quelques mètres de sa personne précieuse, de l'autre côté du mur d'enceinte, comment les admettrait-il ? Il ne vivra plus désormais que pour la restauration de « l'Œuvre des Ancêtres » Mais le jour où, toute honte bue, il remonte sur le trône, l'homme qu'il est devenu sait qu'il n'a plus rien d'un empereur et tout d'une pitoyable marionnette, jouet méprisable entre des mains cruelles. Et cependant il va jusqu'au bout, se retrouvant inéluctablement du côté de ceux qui massacrent le peuple de Chine, haïs de tous y compris de lui-même... On sait la suite : la débâcle, la peur, la fuite, l'arrestation ; de longues années de prison hors de la terre chinoise, le retour dans la patrie et dix ans de « réforme » dans le camp des criminels de guerre : l'apprentissage de la douleur, une autre douleur, de l'humiliation, une autre humiliation, celles d'avoir été cet homme-là, le rejet difficile de toute une

9

éducation, de toute une conception de la vie et du monde... Et l'issue : l'honneur à nouveau, et la vie, une femme qu'on aime et qui vous aime, du travail, des études, un regard apaisé sur le passé. A moins que l'Histoire ne veuille encore frapper...

Cet étrange roman qu'est La concubine du dernier Empereur *ressemble à de la fiction, mais n'en est pas. Construit sur des témoignages authentiques, il jette sur cette période de l'histoire de la Chine, sur cette vie d'homme rompue en deux fragments si dissemblables, une lumière nouvelle qui les éclaire du dedans, pour ainsi dire. En ce moment où des empires basculent, où la vie se poursuit malgré le hiatus, une enfant, une adolescente était là, aux côtés de cette victime ou de ce monstre au sens littéral du mot : le dernier Empereur — qui pleure, qui appelle, qui se justifie, qui ne pourra jamais oublier...*

N'était la célébrité du cadre historique où se situe l'aventure de l'héroïne, ce récit dans ses premières pages pourrait bien passer pour le début d'un conte bleu : une petite fille très pauvre et très sage est choisie entre mille par l'Empereur, métamorphosée en belle dame sous la baguette d'une fée, déposée parmi les galeries de marbre, les tentures de brocart et les tapis profonds, jetée aux pieds de l'Homme-Dieu... qui la relève avec tendresse... Mais nous savons, nous, de quel Empereur il s'agit en cette année 1942, où la Chine est républicaine depuis trente ans ; nous n'ignorons point que la fée est japonaise et sa baguette redoutable. De crainte que nous ne ressentions pas assez vivement la menace qui pèse sur ce front innocent d'une enfant du peuple, l'auteur a pris soin de nous faire lire, violant le secret de l'avenir, ces aveux du Dragon déchu : « ... j'allais prendre pour concubine une fille très jeune et d'un niveau d'instruction assez bas... Même si les Japonais en avaient fait leur créature... en m'y prenant bien, je pourrais peut-être la retourner à mon service. » Pauvre « Concubine du Bonheur » ! La chance est truquée, la fête touche à sa fin, il nous est interdit de rêver avec elle que tout va s'arranger, qu'Il n'est pas si terrible, qu'elle va se faire aimer de Lui comme déjà, bien sûr, il est aimé d'elle. Cela ne se peut pas, et cependant...

10

Ce qui suit, c'est justement ce qui jusqu'à maintenant est demeuré dans l'ombre. On y verra, s'avançant sous l'avalanche des épreuves, non seulement l'homme sortant de sa peau d'empereur, mais toutes ces jeunes femmes à qui il a été donné de traverser sa vie (peut-on employer un autre verbe? L'époque leur fut si cruelle qu'aucune d'entre elles n'a pu l'accompagner longtemps, sinon celle qui ne l'avait pas connu empereur — et ce fut le moment où la mort l'enleva, lui): Wanrong l'Impératrice, si belle, si somptueusement parée — et la plus malheureuse des femmes; Wenxiu, la Seconde épouse impériale, qui, haïssant le partage, choisit la liberté; Tan Yuling qu'il aima et qui lui fut arrachée; Yuqin, notre héroïne, déchirée entre l'amour et la haine, l'indignation et la pitié, Yuqin changeant avec le temps, assumant à elle seule les rôles de deux ou trois personnages de ce drame sans précédent; Li Shuxian, la dernière, éblouie par l'aura du personnage historique et par les qualités de l'homme nouveau.

Parce que nous voulions diriger la lumière du projecteur sur ces silhouettes de femmes qui entourent Puyi, lesquelles furent presque autant de victimes —, parce que pour les comprendre, elles et lui, il fallait apporter au lecteur tous les éléments dont il avait besoin, nous avons recouru à des notes, d'autant que le texte est souvent allusif, et que, d'autre part, nous pouvons maintenant puiser à de nombreuses sources: les Mémoires qui ont été demandés à tous ces acteurs du drame, les uns confirmant ou corrigeant les autres. Pour les mêmes raisons nous avons préféré ne pas arrêter l'histoire de Puyi et Li Yuqin au happy end que nous propose l'auteur. On trouvera donc, en annexes, d'une part l'éclaircissement de quelques points concernant les mœurs de la Cour impériale des Qing, de l'autre un complément d'information sur ce qu'il advint par la suite aux protagonistes de La concubine du dernier Empereur. On se doute bien que l'arrivée de la Révolution culturelle remua tout ce passé et remit en cause bien des conclusions qu'on avait crues définitives... Aujourd'hui la tempête s'est apaisée. Des clameurs et des plaintes d'hier comme d'avant-hier il ne reste rien que quelques papiers — et les souvenirs de deux femmes qui vieillissent, *l'une à Changchun, l'autre à Pékin. Les touristes défilent dans l'enceinte de la Cité interdite, écoutant, fascinés, la fameuse parole de Zhou Enlai : « Nous avons réussi la réforme de notre dernier Empereur, c'est un exploit inédit en ce monde ! », cependant que la dernière épouse du dernier Empereur vient s'incliner devant l'urne qui contient ses cendres, juste en face de celles où sont conservés les restes des martyrs de la Révolution. Elle pense, émue, que son époux, après avoir reçu le « pardon spécial », avait lui aussi « conquis le respect du peuple pour ses remarquables contributions ».*

La dernière concubine, membre du Bureau du conseil politique de la Ville de Changchun, a pris sa retraite après une vie professionnelle et familiale bien remplie. Si Puyi la visite encore dans ses rêves, auquel de ses « moi » d'hier emprunte-t-il son visage ? Au Tyran qui assenait les « 21 articles » ? Au « pauvre dragon ligoté » ? Au prisonnier du Camp des criminels de guerre ? A l'élégant mémorialiste, fêté par les plus grands de l'Etat et que Zhou Enlai mettait en garde contre « les grands airs » ?

A moins qu'elle ne le revoie tel qu'il lui apparut la dernière fois, à l'hôpital, un vieil homme malade et muet, blanc de terreur, qui la regardait, comme si elle eût été l'incarnation de la Vengeance... « Il m'a fait beaucoup de mal, a-t-elle écrit, mais je ne le haïssais pas à ce point ! » Il ne le savait pas. On peut dire que dès le début il s'était peu soucié des sentiments qu'elle avait pour lui, sinon pour les utiliser. Mais lui avait-on appris autre chose ?

Michelle Loi

I

Comment l'Empereur marque d'un coup de pinceau la photographie d'une fillette

Les albums à couverture de brocart s'entassent devant lui. Sa main tourne les pages une à une... Rien que des visages de fillettes, tous du même format, quatre pouces environ et, dessous, deux ou trois lignes de présentation. C'est un homme entre deux âges, aux cheveux soignés et brillants, encore très avenant malgré son visage un peu amaigri. Derrière ses lunettes de myope, ses yeux sans gaieté se fixent sur l'une ou l'autre des photos, ou bien regardent dans le vide ; il est plongé dans une méditation profonde. Qui est-il ? Puyi, empereur de l'Etat fantoche du Mandchoukouo[1]...

En ce moment même, il n'a pas le cœur en paix. « Il semble bien, pense-t-il, que toute ma vie je devrai subir l'ingérence d'autrui dans mes affaires de mariage... Naguère déjà, la Concubine-Mère Jingyi et la Concubine-Mère Duankang[2], chacune servant son propre intérêt, se sont livrées à une lutte acharnée quant au choix de l'Impératrice. J'ai été contraint de prendre Wanrong comme Impératrice et Wenxiu comme

---

1. Cf. le Tableau chronologique (année 1932), p. 231 — Nous sommes en 1942.

2. Jingyi était la concubine de l'Empereur Tongzhi, fils de Cixi, mort dans des circonstances douteuses ; Duankang était la concubine de l'Empereur Guangxu, successeur de Tongzhi, choisi par Cixi. Puyi, qui était déjà « fils adoptif » de Tongzhi (selon un accord passé entre Cixi et la branche qu'elle avait défavorisée pour mettre son fils au pouvoir), est décrété par la même Cixi « fils adoptif de Guangxu » au moment où elle le choisit pour lui succéder. Puyi a donc, en la personne de ces deux concubines, vivant au Palais auprès de lui, deux « mères » qui ont plus d'autorité sur lui que la sienne propre, puisque lui-même n'est pas fils d'Empereur. — Cf. Annexe I : « Du choix de Puyi comme Empereur. »

Concubine[1] avec, pour résultat, que l'une m'a été infidèle, et que l'autre m'a quitté... Aujourd'hui de nouveau le sort me tourmente ; je suis obligé de choisir l'une de ces photos. Lequel de ces jeunes visages vais-je finalement distinguer ? »

— Votre Majesté...

Un militaire japonais a fait irruption dans la pièce. Petit de taille, le front haut, fine moustache, teint bistré. Il s'approche silencieusement de l'Empereur. Un large sourire retrousse les coins de sa bouche.

— Ah ! asseyez-vous..., dit Puyi, qui relève le front et quitte hâtivement le sofa sur lequel il est assis. (Il paraît en pleine forme tout à coup, très différent vraiment du personnage qu'il était à l'instant.) Je pensais bien que vous alliez venir.

— C'est vrai, si je ne vous vois pas deux ou trois fois par jour, j'ai le cœur... euh, euh... très très...

Le général Yoshioka s'exprime dans un chinois laborieux et, tout en parlant, il ne cesse d'agiter la main droite, comme s'il voulait compléter sa phrase par ses gestes.

— Bien sûr, bien sûr, nous sommes de vieux amis, dit Puyi en s'asseyant sur le sofa en même temps que le Japonais.

Le petit homme prend un des albums sur la table de thé, à portée de sa main, et le feuillette en regardant de biais son interlocuteur.

— Alors, vous n'avez pas encore fait votre choix ? Bon... s'il n'y a vraiment pas là celle qui vous convient, je vous apporterai les photos de toutes les étudiantes des établissements impériaux de Tokyo ou même celles des lycées du second cycle de Dalian. Qu'en dites-vous ?

— Non, non, j'ai déjà... (Puyi a perdu son calme, il attrape un album au hasard.) Il y en a... là, il y en a une.

— Mon Empereur a trouvé la personne de son choix ? (Le Japonais s'est rapproché de lui.) Qui est donc l'heureuse élue ?

— C'est...

La main de Puyi tremble en feuilletant l'album, il tourne et

---

1. Cf. le Tableau chronologique (année 1922), p. 230.

tourne des pages, de photo en photo... Soudain ses yeux s'arrêtent sur un visage gracieux, plein de naïveté et de franchise ; sous la photo, deux lignes : « Li Yuqin, quinze ans, élève au Lycée national de jeunes filles Nanjing de la Nouvelle Capitale[1]... »

— Votre Majesté a choisi... (Et, constatant que Puyi est retombé dans le silence et l'immobilité, il reprend, sur un ton plus insistant :) Alors, laquelle en fin de compte ?

Puyi tressaille, les coins de sa bouche tremblent. Il a un moment d'hésitation, puis saisit le pinceau. Sa résolution est prise : il trace un cercle sous la photo.

— Yuqin ! Yuqin !

Une jeune fille au beau visage franc se retourne. C'est bien celle dont Puyi a désigné la photo : Li Yuqin. Elle cherche qui l'a appelée et voit accourir, trébuchant dans sa hâte, une fillette de huit ou neuf ans. Yuqin est devant l'étal d'un magasin, parmi une file de gens.

— Comment se fait-il, dit la fillette, que tu sois encore là au bout de trois heures ? On ne t'a pas encore servie ?

— Oh ! il y a toujours du monde le dimanche, dit Li Yuqin, en regardant sa sœur cadette, et elle ajoute précipitamment : Pourquoi es-tu si pressée ? Que se passe-t-il ?

— Il y a deux Japonais chez nous, un homme et une femme..., dit la petite en baissant la voix, et son visage s'empourpre. Maman veut que tu rentres immédiatement.

Li Yuqin a un coup au cœur. Sans dire un mot, elle suit sa sœur à grands pas en direction de la maison.

« C'est sûrement pour cette histoire de photo que les Japonais sont venus à la maison... », se dit-elle en marchant, le visage détourné pour éviter le vent glacial et cinglant. Elle a relevé le col de son manteau et accélère le pas. Elle retourne dans son esprit cette étrange affaire qui s'est passée il y a trois semaines.

Ce jour-là, le directeur japonais du lycée, M. Kobayashi,

---

1. A la fondation du Mandchoukouo par les Japonais on a rebaptisé la ville de Changchun « Nouvelle Capitale ». *Yuqin* signifie « Cithare de jade ».

et un professeur, Mme Fujii, une Japonaise elle aussi, étaient venus à l'improviste choisir dans chaque classe deux ou trois jeunes filles, jolies, et bonnes élèves, et les avaient rassemblées dans un salon pour qu'on les photographie. Les parents de Yuqin, en apprenant cela, avaient été très inquiets et, au lycée, les commentaires allaient bon train. Certaines élèves disaient : « Peut-être va-t-on nous envoyer au front servir les soldats blessés ? » Une autre assurait : « Mon père a dit que nous irions sans doute dans une caserne pour recevoir une formation, après quoi on nous enverra au front. » D'autres étaient en proie à l'angoisse : « C'est pour nous expédier dans des camps de soldats japonais du Sud du Pacifique. »

De toute façon, plus on y réfléchissait, plus on avait peur ; plus on essayait de deviner, moins on était tranquille. Depuis la séance de photographie, beaucoup de jeunes filles ne venaient plus au lycée et d'autres avaient même abandonné leurs études sous un prétexte quelconque.

« Si je suis vraiment envoyée au front, que de soucis pour ma mère ! » se dit Yuqin, et rien que d'y penser, elle a les larmes aux yeux.

La tête pleine de cette idée, elle arrive très vite à la porte de sa maison et là, sans qu'elle ait compris ce qui se passe, la voilà poussée dans une voiture qui s'éloigne à toute vitesse...

— Tu as été choisie par l'Empereur pour faire des études à la Cour impériale, dit en souriant le directeur japonais à Yuqin, qu'on a assise à l'avant du véhicule. C'est bien, c'est une chance magnifique !

— L'Empereur ?

Yuqin est bien surprise. N'est-ce pas cet homme devant le portrait duquel les élèves doivent se prosterner tous les jours ? Cet homme qui édicte des « décrets impériaux », cet homme vénéré comme un Immortel ?

— Alors, je suis obligée d'y aller ? demande-t-elle.

— Bien sûr. Puisque l'Empereur te l'ordonne, tu dois y aller, dit le directeur. C'est un événement très heureux pour toi, très, très heureux...

— Ne sois pas si nerveuse, chuchote la Japonaise assise à côté d'elle, en lui prenant la main. Nous allons sur-le-champ chez le général Yoshioka, il faut que tu sois calme.

16

— Ce général que nous allons voir est un très haut fonctionnaire, explique le directeur avec le plus grand sérieux. Quand tu seras en sa présence, pense à lui témoigner la plus grande déférence, c'est lui qui décidera si tu seras admise à faire tes études à la Cour.

Enfin, on s'arrête devant une grande porte de fer. M. Kobayashi a sauté tout de suite de la voiture, et il parlemente en japonais avec le gardien, qui décroche le téléphone...

Pendant ce temps, Yuqin, dont la main est restée dans celle de Mme Fujii, considère avec malaise la petite cour à la chinoise qui s'ouvre derrière la grande porte. Elle regarde la maison basse aux murs jaunes comme du millet, ses fenêtres rondes, le gros chien-loup couché à côté de la porte, et les deux lilas dénudés.

Les voici dans le salon, une servante leur apporte immédiatement des fruits, non sans cérémonies, tout en racontant on ne sait quoi, en japonais, au directeur Kobayashi et au professeur Fujii. Yuqin est restée plantée là, elle n'ose plus bouger : tout cet ameublement splendide qui évoque et fleure l'antiquité, ce beau tapis moelleux, ces tableaux et ces calligraphies où s'envolent phénix et dragons, tout est tellement nouveau et inconnu ! Du plus loin qu'elle se souvienne, son monde à elle s'est limité à la ruelle boueuse d'Erdaohezi, d'où elle sortait tous les jours pour y revenir sans cesse, à sa pauvre maisonnette de pisé aux murs tapissés d'un mauvais papier peint — il était parsemé de petits tortillons de nuages —, à son *kang*[1] recouvert de nattes effrangées par l'usure... Ce changement brutal d'environnement lui donne l'impression d'avoir été précipitée dans un autre monde...

Alors que Li Yuqin regarde de tous côtés, paralysée, elle est poussée brusquement par son professeur :

— Dépêche-toi ! Présente tes respects au général !

Elle s'empresse de tourner les yeux comme les autres, vers la porte qui s'ouvre, et voit apparaître un homme chaussé de bottes et ceint d'une épée, qui se plante devant eux, l'air

---

1. En Chine du Nord, le lit de brique, chauffé par en dessous, sur lequel toute la famille s'entasse pour la nuit (cf. p. 60).

solennel et important. Le directeur et le professeur, sans perdre une seconde, plongent devant lui en multiples courbettes à quatre-vingt-dix degrés et il reçoit leurs salutations, imperturbable, avec un geste d'indifférence. Après que la domestique lui a ôté son manteau, il s'assied sans dire un mot sur le sofa, allonge ses jambes vers la servante qui, déjà agenouillée à ses pieds, lui retire aussitôt ses bottes. Le directeur et le professeur ont parlé en japonais avec lui. Il toise Li Yuqin de la tête aux pieds de ses petits yeux bridés, et marmonne en chinois:

— Bien, bien! Quel âge as-tu?

— Quinze ans, dit Li Yuqin en relevant légèrement la tête, mais sans oser le regarder.

— Hum. (Le général se redresse.) Qui sont les autres personnes de ta famille?

— Papa, maman, deux frères aînés, trois sœurs aînées, et il y a encore une petite sœur plus jeune..., répond Yuqin, qui garde le front baissé.

— Bien, bien. (Et, comme s'il venait tout à coup de s'apercevoir qu'elle est restée debout, il dit hâtivement:) Mais assieds-toi, assieds-toi donc! Et ton papa, reprend-il, qu'est-ce qu'il fait?

— Il travaille au restaurant Tian...

— Ah bon, bien. (A toutes les répliques de Yuqin, il fait toujours la même réponse: Bien!) Et ton papa, ta maman, ils sont contents que tu ailles faire tes études à la Cour impériale?

Li Yuqin a ouvert la bouche toute grande mais elle ne dit rien.

Alors le directeur prend la parole et répond précipitamment, en japonais. Ensuite ils continuent à parler tous deux dans la même langue. Sans doute M. Kobayashi a-t-il dit que ses parents ne sont pas d'accord, car le général n'a pas l'air très content, si l'on en juge par l'expression de son visage. Il se lève tout à coup et déclare en chinois:

— Bon, allons chez elle!

En ce moment même, dans les pièces latérales du pauvre logis de Erdaohezi, la famille de Yuqin est en train de discuter des mesures à prendre pour faire face à l'« incident ». Le père et la mère, avec le fils aîné, « mandé » pour la circonstance, et les trois filles déjà mariées, s'interrogent : Est-ce un malheur ? Est-ce un bonheur ? Que faut-il faire ? Le père de Yuqin, surnommé « Li le brave », lui qui a commencé à travailler à l'âge de dix ans comme apprenti et s'entend plus qu'aucun autre à faire tintinnabuler la louche dans ses casseroles, se sent complètement perdu. Il approuve les raisonnements de ses trois filles et il trouve que ceux de sa femme et de son fils aîné ne sont pas moins convaincants. Affolé, il ne cesse de faire les cent pas dans la maison, en grattant nerveusement son crâne rasé...

Les coups de klaxon sonores de la petite voiture des Japonais jettent brusquement l'effroi parmi tous ces gens, déjà bien désorientés. L'aîné, ayant aperçu par la fenêtre un Japonais ceint d'une épée qui entre dans la cour de la maison, saute précipitamment du *kang*, en pleine panique, et se précipite hors de la maison, à moitié chaussé.

Les visiteurs une fois entrés, le directeur Kobayashi présente le nouveau venu aux parents de Yuqin :

— Voici le général Yoshioka.

« Li le brave » et sa femme se mettent immédiatement en devoir de lui présenter leurs respects avec force courbettes, et les trois sœurs de Yuqin suivent l'exemple de leurs parents. Seul le frère s'est abstenu, occupé qu'il est à essayer de retrouver sa chaussure...

— Une famille merveilleuse, non ?

Alors que les parents de Yuqin s'affolent, ne sachant où ils peuvent faire asseoir le seigneur japonais, le général Yoshioka s'est déjà installé sur la natte du *kang*, à la bonne franquette, en homme simple et affable. Comme il aperçoit la sœur cadette de Yuqin, sur le seuil de la porte, qui reluque l'intérieur de la pièce, il lui fait signe :

— Viens, viens, petite.

La gamine s'approche lentement de lui en se tortillant les mains, les yeux écarquillés.

— Belle comme ta sœur, hein ? (Et il caresse en souriant le doux visage ovale. Sur quoi, il extrait de sa poche cinq *yuan*, qu'il tend à la petite fille.) Tiens, va t'acheter des bonbons.

Mais elle a reculé de deux pas.

— Allez ! prends ! dit-il, et il lui fourre l'argent dans la poche.

Le directeur, assis sur le bord du lit, entreprend d'expliquer l'affaire à « Li le brave » :

— Le général veut discuter avec vous en personne sur le cas de Yuqin. Vous êtes d'accord, n'est-ce pas ?

— Nous pensons... qu'elle est encore très jeune, nous avons peur que...

Sans attendre que « Li le brave » finisse sa phrase, le général agite la main :

— De quoi avez-vous peur ? Il n'y a que les excellents élèves qui vont faire leurs études à la Cour impériale... Ecoutez-moi, quand elle aura fini ses études, elle pourra même être choisie comme concubine impériale ! Vous comprenez ? Concubine impériale ! Vous savez ce que ça signifie, « concubine impériale » ?

— Concubine impériale ? (Le père de Yuqin est complètement abasourdi.) Mais ma fille est trop jeune ! Elle ne sait rien. C'est... c'est... c'est impossible !

Il lui a fallu un effort considérable pour arriver à achever sa phrase.

— Quinze ans, ce n'est pas si jeune que ça, dit le général en hochant la tête. (Il promène son regard dans la pièce et l'arrête sur Li Yuqin qui, tête baissée, est restée debout contre la porte. Sa voix s'enfle :) C'est un ordre de l'Empereur... et, de plus, c'est pour vous une excellente affaire, c'est le bonheur de votre famille ! Non seulement votre fille aura l'honneur et la richesse, mais tous les vôtres sont assurés de bien manger et de bien boire. Vous serez logés dans une grande maison, l'Empereur peut vous faire don de beaucoup d'argent...

Et là-dessus il saute à bas du *kang*.

Le ton qu'il a pris et le départ imminent des visiteurs et de Yuqin affolent le père, qui s'écrie :

— Après, est-ce que nous pourrons revoir notre enfant ?

— Bien sûr, bien sûr ! (Le général Yoshioka, d'un geste machinal, rajuste son képi.) Vous pourrez aller la voir au palais autant que vous voudrez !

La mère, qui a bien compris que la décision est irrévocable, s'empresse de sortir d'une malle une veste ouatée neuve, à fleurs jaunes sur fond noir, dont elle revêt hâtivement sa fille, qui est déjà dans la pièce extérieure. Les trois sœurs s'affairent aussi : l'une lui change ses chaussettes, l'autre lui cherche des chaussures, la troisième la débarbouille avec une serviette. Au moment où Yuqin va partir, sa mère formule d'ultimes recommandations :

— Etudie bien là-bas, ne te laisse pas distraire.

Près de la voiture, elle ajoute encore :

— Garde-toi de trop parler, il faut te comporter comme une grande fille... et, à ces mots, les larmes jaillissent de ses yeux.

— Maman, ne sois pas inquiète, je verrai. Si ce n'est pas bien, je reviendrai...

Mordant ses lèvres, Yuqin réussit tant bien que mal à ne pas pleurer.

— Allons, dépêchez-vous !

Le directeur, voyant que Yoshioka est déjà installé, devine son impatience et pousse Yuqin à monter dans la voiture.

Ils s'éloignent. Yuqin regarde par la vitre, elle voit ses sœurs essuyer leurs larmes et lui faire des signes de la main. Sa mère contemple longuement la voiture qui emporte sa fille et tout à coup enfouit son visage dans ses mains.

— Quand reverrai-je maman, papa ?

Les yeux de Yuqin sont pleins de larmes, qu'elle ne peut plus retenir...

II

Premières impressions

1943. Le printemps approche.
Par une avenue du quartier réservé de la Nouvelle Capitale, une voiture grise file à toute allure. La voici sur une route gravillonnée, puis goudronnée, laissant derrière elle la double haie des arbres alignés en sentinelles. A l'intérieur, quatre femmes, toutes bien habillées, et fort belles. Celle qui est assise derrière, à gauche, est manifestement une Japonaise. C'est l'épouse du général Yoshioka, chargé par l'Armée japonaise du Kantô-gun[1] de surveiller Puyi ; elle porte officiellement le titre d'« Assistante de la Résidence impériale ». A sa droite, une femme d'une trentaine d'années, élégante et très à la mode, avec une indéfrisable et des boucles d'oreilles. Sûre d'elle et fort distinguée dans son manteau de drap vert pomme, c'est la deuxième sœur cadette de Puyi (On dit en mandchou « Mademoiselle la Deuxième »). Celle qui occupe la première place à gauche semble avoir dans les trente-cinq ans, elle donne l'impression d'une femme honnête, plutôt gentille malgré son regard quelque peu terne, c'est une enseignante du lycée où Yuqin était élève. Son mari est mort depuis longtemps au champ d'honneur et, depuis, son fils a été enrôlé à son tour. Actuellement il fait la guerre à l'étranger. Les vicissitudes d'une telle existence pèsent très lourd sur son cœur. Mais qui est la jeune fille assise à côté d'elle ? Elle sort visiblement de chez le coiffeur, qui a donné du

---

1. En chinois, *Guandong*, ancienne appellation des trois provinces situées à l'est de la Porte Shanhai (l'extrémité est de la Grande Muraille). L'Armée du Kantô-gun était la troupe stationnée dans cette région, aux limites de la Chine proprement dite, qu'elle franchira en 1937 (cf. le Tableau chronologique, p. 232).

volume à ses cheveux noirs. Un nuage de poudre fait ressortir encore davantage la beauté naturelle de son visage : des sourcils noirs, un regard pur, la bouche fine, le menton menu, des fossettes délicates, autant de traits charmants qui contribuent à donner l'image d'une harmonie parfaite. Et, par-dessus le marché, son vaste manteau de drap couleur chameau classe cette jeune beauté au rang des grandes dames.

— Yuqin, dit à voix basse le professeur à cette élégante. Tu dois être fatiguée. Tous ces derniers jours ont été épuisants ! Il faudra bien te reposer quand tu seras au palais...

Li Yuqin tourne la tête à demi vers son professeur, répondant à sa sollicitude par le sourire plein de respect qu'elle a toujours pour elle. C'est vrai, elle se sent très fatiguée, et combien tendue ! L'avant-veille, jour où elle a quitté les siens avec Yoshioka et Kobayashi, elle a été confiée à Mme Fujii, qui lui a fait prendre un bain et l'a aidée à s'apprêter un peu. Ensuite, celle-ci a passé toute la soirée à lui adresser on ne sait combien de recommandations. Ce matin même, après le petit déjeuner, son professeur l'a emmenée chez un coiffeur de grand renom, qui lui a coupé les cheveux. En plus de quoi il a fallu qu'elle se laissât arranger et bichonner de la tête aux pieds. Ensuite, on l'a conduite dans un grand hôpital japonais pour un contrôle médical général. Après, on l'a ramenée chez le général Yoshioka et, de là, chez Mademoiselle la Deuxième. A présent, tout est fin prêt pour son entrée au palais ! Cependant, l'étape suivante reste la grande inconnue : comment est le palais impérial ? Comment cette petite fille timide et craintive parviendra-t-elle à vivre au côté de l'Empereur, cet être à l'Autorité toute-puissante ? Les yeux fermés, Yuqin roule dans sa tête ces questions angoissantes.

— On arrive ! s'exclame Mme Fujii.

Yuqin ouvre les yeux, la voiture grimpe une côte... Au bout, un mur énorme et un grand portail en fer, de sinistre apparence. Le cœur de Yuqin brusquement se serre.

La voiture passe sous le portail, vire à gauche, franchit encore deux portes, une montagne artificielle et un ruisseau dans un jardin situé à l'ouest, longe un immense terrain de golf et un champ de courses, et enfin, après avoir encore passé deux portes et contourné par-derrière un bâtiment gris-noir, elle s'arrête.

— On est arrivé ? demande la femme de Yoshioka, comme si elle se posait la question à elle-même.

— Non, pas encore, répond Mademoiselle la Deuxième, qui semble elle aussi parler toute seule. C'est la cour extérieure.

Là-dessus, elle sort la première de la voiture, suivie de Mme Fujii et de Yuqin.

— Oh !

La femme du général Yoshioka, descendue elle aussi à la hâte, a aperçu, en levant la tête, l'inscription : « Pavillon du Service du Peuple » sur la façade du bâtiment qui se dresse devant elles. Elle l'associe aussitôt à la photo officielle qui a été prise le jour de l'accession de l'Empereur au trône, et sur laquelle figurent le général son mari et beaucoup d'autres personnalités. N'a-t-elle pas été prise justement sur les degrés de ce perron arrondi ? L'Empereur travaille tous les jours ici, et son mari à elle s'y trouve quelquefois aussi... Elle voudrait bien profiter de l'occasion pour jeter un coup d'œil.

Elle est encore plongée dans sa rêverie devant le « Pavillon du Service du Peuple » quand Mademoiselle la Deuxième s'adresse en souriant à la femme du général et au professeur :

— Veuillez remonter dans la voiture, mesdames, vous êtes sûrement très fatiguées, rentrez chez vous, je vous prie.

— Mais...

Fort déçue, la femme du général doit malgré tout obtempérer, de même que le professeur, et les voilà reparties comme elles étaient venues. Mademoiselle la Deuxième esquisse un petit signe de la main vers la voiture qui déjà disparaît et, sans un mot, sans un regard pour Yuqin, elle se dirige vers la « porte du Milieu » ; Yuqin n'a plus qu'à la suivre. De l'autre côté de cette porte se trouve sans doute la cour intérieure ; le bâtiment qu'on voit, ce doit être le pavillon « Qixi » (« Clarté »), où vivent l'Empereur Puyi et l'Impératrice Wanrong[1].

---

1. Cf. le Tableau chronologique (année 1922 et suite), p. 230.

A peine ont-elles pénétré dans la cour intérieure que plusieurs hommes sortent d'une petite maison basse, juste à l'entrée, à droite, et se précipitent vers elles.

— Allez annoncer mon arrivée, ordonne Mademoiselle la Deuxième sans prendre la peine de leur jeter un regard, et elle entre, suivie de Yuqin, dans le vestibule. Un homme surgit aussitôt, un vaporisateur à la main, et se met à bombarder Mademoiselle la Deuxième de la tête aux pieds, par-dessus, par-dessous, sur tout le corps. Yuqin, suivant son exemple, étend les bras, les pieds, se tourne comme ci, comme ça, pour que la vaporisation soit complète. Tel est l'ordre de Puyi : toutes les personnes et même les journaux et les livres qui viennent de l'extérieur doivent impérativement passer à la désinfection avant d'arriver devant l'Empereur !

— Lorsque vous verrez l'Empereur, prosternez-vous, lui enjoint Mademoiselle la Deuxième, toujours sans la regarder, tandis que l'homme au vaporisateur s'éloigne.

— Mais chez moi, d'après la règle, dit Yuqin, une jeune fille qui n'est pas mariée ne doit pas se prosterner.

Là, debout, ébahie, elle regarde Mademoiselle la Deuxième.

— Chez vous ? s'exclame Mademoiselle la Deuxième, fort mécontente, mais ici c'est le palais impérial ! Comment peut-on ne pas se prosterner à la vue de l'Empereur ? Les convenances voudraient que l'on fasse trois génuflexions et que l'on frappe neuf fois le front contre terre ! Mais pour aujourd'hui, vous vous agenouillerez une fois et vous frapperez le sol trois fois.

— Oui, dit Yuqin en hochant du menton.

— Ah ! et puis, ajoute Mademoiselle la Deuxième qui, décidément, n'est pas du tout rassurée sur la façon dont va se comporter cette gamine, lorsque vous serez en présence de l'Empereur, veuillez l'appeler « Votre Majesté », il n'est pas permis de lui dire « tu », ni « vous », n'est-ce pas ? Vous vous rappellerez ?

Yuqin se hâte de hocher le menton encore une fois :

— Oui, oui...

A ce moment, un serviteur apporte un message de Puyi.

Mademoiselle la Deuxième emmène aussitôt Yuqin à la Résidence de l'Empereur. La jeune fille, sur les talons de son guide, se déplace à petits pas précautionneux et n'ose même plus respirer. Au premier étage, on tourne à droite. Elles entrent dans une pièce exiguë et s'installent autour d'une petite table ronde... Quelques minutes s'écoulent, dans une attente et un silence effrayants, puis un homme arrive enfin, qui porte des lunettes. Il entre, plein d'aisance. Mademoiselle la Deuxième s'est levée précipitamment, et aussitôt, les deux mains sur les genoux, exécute une génuflexion, c'est la politesse d'usage qui convient à son rang, semble-t-il. Yuqin est restée là, étonnée et stupide, lorsqu'elle entend tout à coup Mademoiselle la Deuxième la rappeler à l'ordre :

— Vite, vite, saluez l'Empereur!

Sitôt dit, sitôt fait. Yuqin s'agenouille, très raide, sur le tapis et se met à frapper la tête contre le sol. C'est alors seulement qu'elle se rappelle qu'on lui a dit qu'il fallait répéter le geste de salutation trois fois, mais où en est-elle exactement ? Au moment où, éperdue de confusion, elle ne sait plus que faire, elle sent une main qui saisit son bras tandis qu'une voix d'homme lui dit :

— Relève-toi vite.

C'est ce que fait Yuqin, en s'appuyant sur cette main solide, pour découvrir, avec surprise, une fois sur ses pieds, que c'est l'Empereur qui est devant elle. Alors elle pique du nez en toute hâte.

— Ah! tes mains sont brûlantes, dit-il, et sa voix est des plus tendres. Tu ne te sens pas bien?

— J'ai un peu mal à la tête..., répond Yuqin à voix basse.

— Oh! tu as de la fièvre, dit Puyi qui a porté la main à son front, et il va aussitôt chercher dans un tiroir un thermomètre, qu'il l'aide gentiment à glisser sous son bras. Yuqin commence à se détendre. Prenant de l'audace, elle relève la tête et examine attentivement l'Empereur de la tête aux pieds : larges épaules, taille svelte, il porte sur le col de sa veste de drap vert foncé deux étoiles dont on ne sait si elles sont en or ou en cuivre ; le pli de son pantalon est si net qu'on le dirait taillé au couteau. Mais ce qu'il a de plus saisissant, c'est son visage, où l'on peut du premier coup d'œil lire la bienveillance et la gentillesse...

— Oh! 37, 5°! s'exclame Puyi, qui a repris le thermomètre de la main de Yuqin. Qu'on apporte vite de quoi soigner cette fièvre!

Sitôt l'ordre lancé un serviteur est parti.

— Ne t'inquiète pas, dit l'Empereur, dans un moment, tu seras guérie. Il suffit d'une piqûre. Mais d'où provient cette fièvre? demande-t-il en s'asseyant.

Il observe Yuqin et sourit. Serait-ce qu'on a été émue en apprenant qu'on allait entrer au palais?

La peur de Yuqin s'est dissipée. Elle répond gaiement:

— Je n'ai pas bien dormi cette nuit...

— C'est parce que tu as quitté ta maman, n'est-ce pas?

Il regarde Mademoiselle la Deuxième et éclate de rire. Son entrain est si contagieux qu'il gagne aussi Yuqin.

— Ce n'est pas grave, ce soir tu vas bien te reposer!

Soudain, Puyi s'aperçoit qu'elle est en train d'examiner attentivement son portrait, accroché au mur.

— Comment le trouves-tu, est-il ressemblant? demande-t-il, badin.

— Pas tellement, dit Yuqin, après avoir tour à tour examiné le tableau et son modèle. (Puis elle secoue la tête:) Sur le portrait la personne est beaucoup plus jeune.

— Ha, ha... (Puyi a éclaté de rire à nouveau, du fond du cœur.) Non, il ne me ressemble pas, c'est vrai, et tout le monde me dit qu'il me ressemble! Mais toi, non! C'est bien...

Témoin de cette scène, Mademoiselle la Deuxième sent sa présence inutile, et prend judicieusement congé.

Une fois sa sœur partie, Puyi regarde sa montre et remarque tout à coup:

— Oh! déjà cinq heures. Tu n'as pas encore dîné, je suppose?

— Non, non..., répond Yuqin.

Puyi se lève.

— Dans ce cas, le mieux est de manger d'abord un peu, dit-il, et de prendre les médicaments après.

Il demande qu'on apporte le repas. En un tour de main un serviteur a disposé quatre plats et une soupe, des petits pains à la vapeur, des pains roulés et des gâteaux. Yuqin ne peut s'empêcher d'exprimer sa surprise :

- De quel restaurant tout cela vient-il ? Comment peut-on être servi si vite ?

Puyi se met à rire :

— Cela ne vient pas d'un restaurant, mais de la Salle des délicatesses[1].

« La Salle des délicatesses ? Voilà qui est encore plus incompréhensible ! » songe Yuqin.

— Mange, va, dit Puyi en lui tendant les baguettes.

— Et toi, tu ne manges pas ? dit Yuqin, oubliant la recommandation de Mademoiselle la Deuxième de ne pas tutoyer l'Empereur.

Mais il ne relève pas l'irrévérence et répond aussitôt :

— Non, pas maintenant.

Puis, tout en la regardant prendre son repas, il se met à la questionner : Comment se compose sa famille ? Il l'interroge ensuite sur l'école qu'elle a fréquentée jusqu'alors, et s'intéresse même à sa vie quotidienne, à toutes sortes de détails. Il écoute attentivement les réponses, et de temps en temps hoche la tête.

— C'est pour étudier qu'on me fait entrer au palais, n'est-ce pas ?

— C'est pour étudier, confirme l'Empereur. (Il allume une cigarette, la porte à ses lèvres et ajoute :) Je ferai venir pour toi un très bon professeur.

Yuqin s'étonne in petto :

« Avec tout ce remue-ménage qu'ils ont déjà fait, on n'a pas encore engagé le professeur ? Ces "études", quand commenceront-elles ? »

Elle se tait un moment et reprend :

— Pourquoi suis-je seule ici à étudier ?

— Oh ! (Puyi rajuste ses lunettes.) Je n'aime pas qu'il y ait beaucoup de monde. Quand les gens sont nombreux, ils sont moins entiers...

---

1. Le nom officiel de la cuisine impériale.

« Moins entiers ! Pourquoi "moins entiers" ? » se demande encore Yuqin.

Elle a fini de manger et Puyi lui dit gaiement :

— Viens, tu vas habiter au palais « Tongde[1] ». Mais d'abord, promenons-nous un peu, et tu iras te reposer de bonne heure.

Ils descendent et, passant sous un mur d'enceinte, pénètrent dans l'aire spacieuse d'un luxueux palais — Li Yuqin se sent prise de vertige parmi les tapis rouges, les *bonsai* haut juchés sur leurs piédestaux cylindriques, les quatre énormes lampes suspendues par des chaînes de cuivre (dont chacune pèse, dit-on, plus de cent vingt livres), sans parler de la galerie ronde qui court juste sous le toit. L'Empereur lui fait visiter une à une les pièces dont elle disposera... Elle écoute, regarde, elle croit rêver ! En suivant l'escalier recouvert d'un tapis, elle arrive au premier étage, dans la première salle du côté est.

— Voici ta salle de réception, dit l'Empereur d'un air dégagé.

Yuqin, dont les yeux font le tour de la salle, aperçoit du côté sud un canapé pour deux personnes ; à l'est, une lampe sur pied ; du côté nord, une petite table entre deux fauteuils avec, dessus, une pendulette ; dans le coin sud-ouest il y a un bureau ; et dans le coin nord-ouest, une chose dorée dont l'intérieur est plein de bibelots anciens (elle saura plus tard que cela s'appelle un « casier aux trésors »...).

— Voici ton salon de toilette..., dit, toujours de la même voix légère, l'Empereur en pénétrant dans la pièce voisine.

Yuqin regarde tout avec attention. Il y a une splendide coiffeuse surmontée d'une grande glace ; à l'est en entrant, une porte s'ouvre sur une baignoire rose...

— Après ton bain, tu vois, tu peux prendre le soleil.

Puyi est sorti par la porte-fenêtre qui donne sur le balcon. Et voici maintenant « la chambre des rayons ultra-violets », aux murs et au toit de verre. Il s'y assied sur un fauteuil en rotin.

---

1. « Accord et Vertu ».

Ensuite Li Yuqin « visite » sa bibliothèque et sa chambre à coucher. De ce que dit l'Empereur, de ce que contient chaque pièce, rien ne parvient plus à son entendement ; elle flotte dans l'irréel, dans le rêve.

— Prends tes médicaments, prends tes médicaments, dit l'Empereur comme s'il se souvenait tout à coup d'une affaire de grande importance.

Il se lève, fait apporter de l'eau, il s'assure que Yuqin avale les remèdes et, comme délivré d'un souci, allume alors une cigarette. Après quoi il recommence à bavarder. Il a complètement oublié ce qu'il a dit tout à l'heure, dans l'autre pavillon, quand il lui conseillait de ne pas tarder à se reposer. Il est déjà tard. Il faudrait normalement que l'Empereur dîne. Pour ne pas s'en priver, sans pour autant renoncer à la présence de Yuqin, il fait venir les plats dans sa chambre. A peine l'ordre a-t-il été lancé que des serviteurs se relaient, telle une véritable navette, pour apporter plus d'une dizaine de plats. En un rien de temps, une nappe blanche comme neige est couverte d'une dizaine de pots, hauts de plus de six pouces et tous remplis d'eau bouillante, sur lesquels on pose les plats (c'est seulement plus tard que Yuqin comprendra que c'était pour les maintenir au chaud). On distingue, inscrits à l'or sur les pots, éclatants sur le fond bigarré des émaux de couleur, les quatre caractères qui expriment des vœux de longévité[1]. On apporte ensuite des pains à la vapeur, du riz, de la bouillie de riz, des légumes salés et au moins six assiettes de gâteaux...

Durant tout le repas, Puyi insiste auprès de Yuqin pour qu'elle goûte à ceci ou cela, mais elle absorbe à peine quelques bouchées, sans plaisir. Elle pense à ce qui composait ordinairement son dîner à la maison, coulis de soja aux petits oignons et aubergines à l'étouffée pour accompagner la bouillie de maïs...

— Repose-toi bien ! dit Puyi en la quittant, et il lui donne un chapelet en perles, non sans ajouter à haute voix : Ac-

---

1. Ces quatre caractères traditionnels qu'on lit sur la vaisselle fine : Dix mille — Longévité — Sans — Limites.

quitte-toi consciencieusement de tes devoirs tous les jours, et prie pour la victoire de l'armée impériale japonaise! Prie pour la victoire de l'armée japonaise!

Yuqin est très surprise : pourquoi a-t-il tellement haussé la voix pour prononcer cette dernière phrase?

Cette nuit, sur son lit équipé d'un matelas à ressorts, entourée de six paravents décorés de licornes, elle ne parvient pas à s'endormir. Elle pense à sa maman, à son papa, à ses sœurs et à ses frères, à leur logis exigu d'une pièce et demie et aussi, naturellement, à ce jour où sa famille a dû se contenter de ces pièces latérales parce qu'elle ne pouvait plus acquitter le loyer des « bonnes » pièces...

« L'Empereur me traite bien, et il se comporte avec beaucoup de courtoisie et de gentillesse. » Si Yuqin veut résumer ce soir la première impression qu'elle a de Puyi, elle se dit : « L'Empereur n'est pas si effrayant... »

III

Une poupée étrangère sous une cloche de verre

Le lendemain matin, Yuqin se réveille de bonne heure, comme d'habitude. Dans son demi-sommeil, elle se retourne et se dit qu'elle va encore rester au lit. C'est comme cela chaque matin : elle attend le bruit que fait sa mère dans la cuisine en versant de l'eau dans la marmite, le crépitement du feu de bois qui prend dans le fourneau. Dans un instant, une main viendra sûrement toucher son épaule : « Lève-toi, lève-toi, tu vas être en retard pour l'école. » Et Yuqin fera sûrement celle qui ne sent rien, elle demeurera inerte, sans même ouvrir les yeux. Alors elle entendra la chère voix familière s'écrier : « Ah, vilaine gamine ! Vas-tu sortir de ta couverture ? Allez, dépêche-toi ! » Ce sera à ce moment qu'elle, la petite Yuqin, attrapera brusquement la main de sa maman, en riant joyeusement de la bonne farce : « Maman ! » et elle s'assiéra enfin, tirée par le bras de sa mère...

Alors Yuqin s'attarde, les yeux fermés. Mais rien ne vient, autour d'elle règne un silence opaque. Elle allonge les jambes, et se sent comme portée par des nuages, balancée doucement de bas en haut.

« Zut ! se dit-elle, il fait sûrement jour déjà, et moi je plane encore dans le rêve... Si je continue à traînasser, je vais sûrement être en retard... » Elle lance ses jambes deux fois de toutes ses forces, et ça y est, elle ouvre les yeux !

« Ah ! » Assise, elle a vu brusquement le mur de céramique rose et les licornes des paravents. « Qu'est-ce que c'est que ça ? Qu'est-ce que je fais ici ? »

— Mademoiselle Li ! (La porte s'est ouverte doucement. Une dame d'une cinquantaine d'années est dans la pièce.) Mademoiselle Li, vous avez appelé ? Que désirez-vous ?

Le visage de la vieille dame et les meubles de la pièce lui remettent enfin en mémoire ce qui s'est passé la veille. « Ah oui, ici c'est le palais impérial ! Le palais impérial ! C'est à cause de ce lit à ressorts que j'avais l'impression de flotter dans les nuages... »

Elle a retrouvé son calme.

— Rien, rien..., dit-elle précipitamment à la servante.

Avant de quitter la pièce, Yuqin pense encore une fois à sa mère : « En ce moment elle est certainement en train de préparer le petit déjeuner ! Peut-être qu'elle aussi pense à moi... »

C'est sans doute parce qu'elle a pris hier ces médicaments contre la fièvre que Yuqin se sent l'esprit particulièrement clair et le corps léger, avec même une impression de flotter. Elle tire les rideaux de la fenêtre et regarde au-dehors : un jardin s'offre à ses yeux, avec une montagne artificielle, des bosquets épais, un ruisseau gelé qui étincelle comme un miroir ; des oiseaux dont elle ignore le nom virevoltent, les ailes déployées. « Oh, c'est magnifique ! se dit-elle. En été, ce sera une splendeur ! Je ferai venir papa, maman et la petite sœur. Un coin idéal pour jouer à cache-cache. La petite aura du mal à me trouver... Oui, je m'habille en vitesse et je sors jeter un coup d'œil. Il faut que je me déniche un bon coin secret, dont je ne sortirai en claquant des mains qu'au moment où la petiote sera prête à pleurer, renonçant à chercher... Elle voudra me punir, ses petits poings tambourineront sur mon dos et moi je me sauverai, je tournerai autour de maman jusqu'à ce qu'elle me retienne, pour que la petite m'attrape. Comme elle sera contente, la sœurette, comme elle rira ! »

Yuqin s'habille, mais à peine est-elle dans le vestibule, prête à sortir, que des servantes, Mère Zhang et Mère Zhou, surgissent à son côté :

— Où allez-vous, Mademoiselle Li ?

— Jeter un coup d'œil dehors... (Yuqin n'est pas encore habituée à ce « Mademoiselle Li », qu'elle ressent comme une agression.)

— Ah, mais non ! dit Mère Zhang, angoissée au point

qu'elle ne sait quoi faire de ses mains. On ne peut pas aller dehors! On ne peut pas!

Yuqin est un peu mécontente:

— Pour quelle raison ne pourrait-on pas jeter un coup d'œil dehors?

— C'est le règlement, dit la Mère Zhang d'une voix mal assurée. C'est un ordre du Seigneur d'ici, l'Immortel.

Alors, Yuqin reste toute la journée dans sa chambre. Elle s'assied ici, elle marche là, elle s'ennuie à mourir. Elle aimerait bien bavarder avec les deux servantes, sur n'importe quoi, mais ni l'une, ni l'autre n'y est disposée. A chaque question qu'on leur pose, elles ne savent que répondre: « Je ne sais pas. » « Pourquoi sont-elles si distantes? Pourquoi ont-elles l'air d'avoir peur de moi? Depuis que j'existe, c'est toujours moi qui ai eu peur des autres, jamais personne n'a eu peur de moi... Ah! comme j'étais libre à la maison, je pouvais m'amuser comme je voulais, je pouvais aller voir mes amis, courir les magasins, alors que maintenant... »

Vers sept heures du soir, dans un silence de mort, Li Yuqin est assise sur le sofa, tout hébétée de solitude, lorsque tout à coup on l'appelle. Elle relève la tête. C'est l'Empereur!

— Votre Majesté! dit Yuqin en se levant en hâte.

— Aujourd'hui, j'ai été pris toute la journée, dit Puyi, très à son aise. (Il s'est assis.) Comment cela va-t-il? Tout se passe bien?

— Oh! pour être bien, c'est bien, répond Yuqin tout à trac, mais n'a-t-on pas dit que je suis là pour étudier? Alors pourquoi me laisse-t-on bayer aux corneilles?

— Hum! (Puyi allume une cigarette.) Ce n'est pas pressé, on fera venir un professeur plus tard. Il ne s'agit pas seulement d'étudier, il y a aussi des prières à apprendre, et beaucoup d'autres choses...

— Alors..., commence-t-elle et, sans plus pouvoir attendre un seul instant, elle pose la question qui l'a tourmentée toute la journée: Puisque pour l'instant je n'étudie pas, pourquoi ne me laisse-t-on pas non plus m'amuser dehors? Chez moi, à la maison...

— Ici ce n'est pas chez toi, c'est le palais impérial! (Puyi parle gentiment, comme s'il s'adressait à une fillette.) N'oublie pas qu'une fois entrée au palais tu n'as plus du tout le même statut qu'avant.

— Où est la différence? demande-t-elle avec assurance. Avant d'être entrée au palais ou après, je suis bien la même. Comment se fait-il que...

L'Empereur arrête ses protestations d'un signe de tête et il sourit amèrement.

— Ah! tu ne comprends rien à rien. Bon, demain je ferai venir quelques personnes pour t'accompagner dans tes jeux.

— Tu veux dire que tu me feras venir une compagne?

— Voilà encore que tu t'oublies, lance Puyi, sautant sur l'occasion de prendre un visage sévère.

— Votre Majesté...

— Au palais, il faut bien observer l'étiquette, à l'égard de tout le monde. (Il se lève.) Demain je ferai venir l'épouse de Pujian et aussi quelques petites Demoiselles de mes sœurs[1]. Lorsque tu les verras, n'oublie pas de leur souhaiter le bonjour la première.

— Que je leur souhaite le bonjour? demande-t-elle précipitamment. Mais je ne sais pas!

— Tu as vu la pièce de théâtre *Le quatrième fils rend visite à sa mère*[2]?

— Non, je n'ai quasiment jamais été au théâtre.

— La façon dont la Princesse accueille son fils, c'est à peu près la salutation par laquelle tu dois leur souhaiter le bonjour.

— A peu près, c'est comment?

— Eh bien...

L'Empereur recourt à ses mains pour s'expliquer, gesticule un moment mais ne réussit pas à se faire comprendre. D'énervement, le sang lui monte au visage.

— Bon, regarde: c'est comme ça!

---

1. Pujian: le second frère de Puyi.
2. Une pièce du répertoire traditionnel de l'opéra de Pékin. Le fils doit manifester un profond respect à sa mère, mais elle, de son côté, doit lui en témoigner un au moins aussi grand, car il l'a sauvée au prix de longues épreuves.

Le dos droit, les mains placées sur les genoux, il entreprend une génuflexion tout en déplaçant sa jambe droite d'un demi-pas vers l'arrière. Cependant sa jambe gauche n'a pas pu garder l'équilibre, il s'emmêle les pieds et manque tomber par terre ! Du plus loin qu'Elle se souvienne, Sa respectée et toute-puissante Majesté, si Elle a chaque jour fait l'objet de profondes salutations, n'en a jamais, pour sa part, présenté à personne. Comment pourrait-Elle commencer maintenant sans être trahie par la maladresse de ses pieds et de ses mains ? L'Empereur se donne beaucoup de mal pour enseigner, Yuqin n'en a pas moins pour apprendre. Ils ne tardent pas à être tous les deux en nage :

— Il y a plusieurs sortes de salutations pour souhaiter le bonjour, dit Puyi en se relevant, le souffle court. Il y en a une autre que celle-ci, où les deux jambes sont fléchies. On l'appelle salutation à genoux, parce qu'il faut s'agenouiller d'abord. Elle s'adresse aux personnes hiérarchiquement très haut placées ou aux gens de la génération des parents... Celles que je viens de t'apprendre sont réservées aux femmes... Bien, je dirai aux petites Demoiselles de t'apprendre les nombreuses règles de l'étiquette !

« Encore apprendre ! » se dit Yuqin, en marmonnant :

— Ici, il y a vraiment trop de règles à observer !

Juste à cet instant, plusieurs serviteurs appelés par l'Empereur entrent l'un après l'autre, portant, qui sur l'épaule, qui dans les bras, toutes sortes de choses.

— Ce sont mes cadeaux pour toi, dit Puyi, et désignant un objet qui mesure plus de trois pieds de haut, il explique : C'est un poste de T.S.F., il est combiné avec un phonographe, qui peut changer automatiquement les disques et même enregistrer.

« Phonographe ? enregistrer ? » Tout cela est bien étrange pour Yuqin.

— Ce n'est pas tout. (Puyi désigne d'autres objets.) Ces joujoux aussi sont pour toi ! (Tout en parlant, il met sous les yeux de Yuqin une poupée étrangère abritée sous une cloche de verre et la lui tend.) Elle m'a été apportée par une délégation de femmes japonaises, je l'aime beaucoup, mais maintenant elle est à toi, c'est ton bébé, tu peux t'amuser avec elle quand tu t'ennuieras, tu peux lui parler...

Il soulève la cloche de verre. Yuqin prend dans ses bras la « poupée » tout habillée de rouge — son bébé — et l'examine attentivement. Elle la trouve très jolie! Après l'avoir installée sur la table, en face d'elle, elle s'écrie, battant des mains:

— Ce sera formidable de jouer avec toi! Formidable... Demain, nous jouerons toutes les deux à cache-cache dans la chambre, après je t'emmènerai te promener dans le jardin, d'accord?

— Ne dis pas n'importe quoi! proteste Puyi, qui réprouve cet accès d'enthousiasme. Il ne t'est permis que de rester dans cette pièce, tu n'as pas le droit d'en sortir! C'est compris?

— Oui, j'ai compris..., dit Yuqin d'une pauvre petite voix.

Inquiète, elle a baissé la tête. Puyi reprend la cloche de verre et en coiffe brusquement le jouet.

Yuqin a l'impression d'avoir été emprisonnée elle aussi sous la cloche de verre. Un sentiment d'oppression si terrible l'accable qu'elle ne peut plus respirer.

IV

Vingt et un articles

Il est midi. Yuqin, assise devant la fenêtre, profite du soleil quand elle voit arriver Mère Zhang, porteuse d'un ordre impérial : qu'elle se rende chez l'Empereur immédiatement ! Yuqin rajuste sa coiffure devant le miroir, tire un peu sur ses vêtements et, précédée de Mère Zhang, se rend en hâte au pavillon Qixi.

« Sûrement, l'Empereur a besoin que je fasse pour lui une séance de "gymnastique pour la Restauration de la patrie[1]", ou bien il a envie de m'entendre chanter... Il vient souvent chez moi, au palais Tongde, il s'étend sur mon lit et me demande de chanter ou de faire de la gymnastique, il est toujours tellement enthousiasmé... Ce phonographe, c'est vraiment bien, avec ça j'ai appris tant de chansons ! Laquelle vais-je lui proposer aujourd'hui ? Ah ! j'y pense : s'il est particulièrement de bonne humeur, il faut absolument lui demander de me promettre deux choses : d'abord qu'il m'autorisera à rentrer à la maison voir maman, je me languis d'elle. Ensuite, papa veut monter son propre restaurant, mais il n'a toujours pas le permis. Si Lui disait qu'Il est d'accord, tout serait résolu — l'Empereur ne peut pas refuser des choses si simples... » Plus Yuqin pense à son projet, plus elle se sent heureuse et, accélérant le pas, elle finit par distancer Mère Zhang.

---

1. Tous les gouvernements chinois successifs ont associé la gymnastique et les campagnes d'encouragement à la gymnastique avec la restauration de la Patrie : fortifier la santé du peuple chinois pour sauver la Chine, « le grand malade d'Orient ». L'Empereur n'est tenu à aucune obligation : le « devoir de gymnastique », quelqu'un d'autre s'en acquitte pour lui (de même que, lorsqu'il était écolier, les châtiments qu'il méritait étaient infligés à son cousin).

— Yuqin!

Lorsqu'elle entre dans sa chambre, l'Empereur a le visage épanoui, comme elle l'espérait, et même il se lève pour l'accueillir.

— Votre Majesté! dit Yuqin en exécutant une « salutation avec génuflexion des deux jambes », qui n'est pas encore tout à fait au point.

Après quoi elle reste debout comme le veut l'étiquette. Il lui enjoint de s'asseoir d'un signe de la main et prend place le premier.

— Yuqin, tu es une personne très chanceuse. Nous pouvons vivre ensemble, telle est la volonté du Destin.

— Il y a une volonté du Destin? (Elle a souri légèrement.)

— Bien sûr. (Il croise les jambes l'une sur l'autre et balance, désinvolte, celle du dessus.) Dès que je m'ennuie, il suffit que je te voie, si naïve et si naturelle, pour que je me retrouve aussitôt le cœur plein de joie! Alors, tu vas me chanter une chanson?

— Laquelle?

— Peu importe, celle que tu voudras.

Constatant que l'Empereur est d'excellente humeur aujourd'hui, Yuqin ne peut cacher sa joie. Elle se dit: « C'est une bonne occasion. Il faut que je le rende encore plus heureux, pour que je puisse lui présenter mes deux requêtes. » Alors elle s'éclaircit un peu la voix et, sans embarras, elle chante:

> *Dans sa cage dorée,*
> *L'oiseau aux plumes dorées,*
> *Dans le pavillon aux murs de brocart,*
> *Vêtu de soie, nourri de jade,*
> *Il fait rire le passant.*
> *Pauvret, la pluie fine te trempe,*
> *Ignorant l'arrivée du printemps.*
> *Oiseau, je te le demande:*
> *Si tu étais sensé,*
> *Ne vaudrait-il pas mieux,*
> *Déployant tes ailes,*
> *Quitter ta cage dorée?*

L'Empereur a les yeux fermés, le corps adossé au fauteuil, sa jambe continue à se balancer au rythme de la chanson. Yuqin, qui sait que c'est un signe de satisfaction, chante encore plus librement. Tant que dure la chanson, il garde les yeux fermés, si bien que le bout de sa cigarette lui brûle soudain les doigts. Il sursaute, se redresse, et regarde Yuqin en riant :

— Très bien, très bien. Encore une autre !

Elle se remet à chanter :

> *La soupe aux boulettes de porc à Pékin*
> *Les piments du Hunan, le rôti de Canton*
> *C'est bon — Mais si c'est comme ça,*
> *Tout mêlé ensemble, c'est le meilleur des plats...*

— Magnifique !

L'Empereur a éclaté d'un rire sonore. Il applaudit.

Yuqin s'assied à côté de lui, obéissant à un signe de sa main. Elle se dit : « C'est une excellente occasion ! Dans un instant il faut que je présente mes requêtes... » A ce moment précis, il saisit plusieurs feuillets posés à côté de lui, et les tend à Yuqin.

— Depuis déjà vingt-cinq ou vingt-six jours que tu es au Palais, dit-il, j'ai pu constater que tu m'es attachée. C'est pourquoi j'ai décidé de me lier à toi fidèlement et sans retour — puisse la mer tarir et le roc s'effriter plutôt que notre cœur changer. Aussi ai-je établi pour toi un règlement qu'à partir d'aujourd'hui il te faut respecter...

Yuqin saisit les feuillets pour en prendre connaissance. Plus elle lit, plus ses mains tremblent ; son cœur aussi bat de plus en plus fort. Voici le « règlement » :

Envers Sa Majesté l'Empereur, Li Yuqin doit respecter strictement les articles ci-dessous :

1. La volonté de l'Empereur est la volonté de Yuqin. Elle ne doit pas avoir la moindre résistance, encore moins ressentir un mécontentement. Si elle a des pensées qu'elle ne devrait pas avoir, elle doit s'en ouvrir à l'Empereur et en solliciter la punition ;

2. Il lui est interdit de retourner chez elle ou de faire venir ses parents. Il lui est interdit de mettre de l'argent de côté, ne

fût-ce qu'un sou, et plus encore de faire grise mine et mauvais visage à l'Empereur ;

3. Il lui est interdit d'écrire aux siens comme bon lui semble. En cas de nécessité, une autorisation impériale doit être sollicitée ;

4. Il lui est interdit de demander pour les gens de sa famille des titres, des postes, de l'argent, ou toute autre chose ;

5. ...

Li Yuqin s'empresse de lire la suite ; il y a en tout vingt et un articles ! Elle a reposé le « règlement ». Puyi attend un moment sans rien dire, puis il lui tend un autre feuillet :

— Ces six articles-ci concernent ta famille.

Elle l'a pris machinalement et, dès qu'elle a lu la première clause : « Ne jamais révéler à l'extérieur les rapports entretenus avec le Palais impérial », elle n'a plus du tout envie de continuer...

Le visage de Puyi est devenu glacial.

— Comment, tu n'es pas contente ? Il n'y a pas que toi qui doives observer un règlement ! Avant, il y a eu Wanrong, Wenxiu, Tan Yuling, toutes ont dû s'y soumettre. Ta famille est d'un rang plus bas que la leur, aussi est-ce un peu plus strict pour toi... Qu'est-ce qu'il y a ? Qu'en penses-tu ?

Yuqin a les yeux fixés sur le mur, silencieuse.

— Si tu n'as rien à ajouter, viens t'asseoir ici pour les recopier.

A en juger par le ton, c'est un ordre.

Après un long moment et dans un terrible silence, elle prend finalement le premier feuillet et s'installe devant la table. Sans doute ne veut-il pas la gêner car il pousse la porte et se retire sans un mot.

Yuqin reste assise là, le cœur et l'esprit en tumulte. Elle se hait de ne pas pouvoir déployer ses ailes pour s'envoler immédiatement de cette chambre, franchir les épaisses murailles, se réfugier auprès de sa mère, lui raconter en pleurant ce qui lui arrive, la supplier de trouver une solution. « Maman, qu'est-ce que ta fille doit faire ? » Elle envisage un instant de déchirer ces papiers en morceaux et de dire ensuite à l'Empereur : « Je ne veux pas de vos vingt et un articles ! »

Elle songe aussi à le supplier : « Laissez-moi aller en visite chez moi ! J'ai besoin de revoir ma maman. » Et, retournant dans sa tête toutes ces idées qui se bousculent dans le plus grand désordre, elle a saisi machinalement le pinceau et elle écrit. Elle écrit et écrit sans penser, sans comprendre elle-même pour quelle raison elle est en train de tracer toujours un seul et même caractère : « mort ».

— Toi alors !

On ne sait à quel moment l'Empereur est revenu. Il est debout derrière Yuqin et constate que non seulement elle n'a rien recopié, mais que, de plus, elle a écrit ce mot « mort » qui a tout l'air d'une menace. Il ne peut s'empêcher de frapper sur la table[1] :

— Tu oses, si jeune encore, refuser de m'obéir ! Que se passera-t-il quand tu seras plus grande ? Moi... je t'ai comblée de gentillesses. Pour rien ! Je me proposais de vivre ma vie avec toi, mais si c'est comme ça...

Yuqin ne tourne pas les yeux vers lui, elle n'ouvre pas la bouche. Elle est assise. Elle regarde par la fenêtre.

— Et puis, il n'y a pas que toi dans cette affaire. Qui se risquerait à me désobéir ? Si le souverain veut que le vassal meure, le vassal ne saurait vivre un jour de plus ! Je t'ai dit ce que tu dois faire, si tu ne m'obéis pas, demain je fais conduire tes parents au Palais, et je vais leur en parler un peu, moi, de cette affaire !

— Votre Majesté ! (En l'entendant dire qu'il va faire venir ses parents, Yuqin s'effraie.) Surtout pas cela, Votre Majesté. Yuqin a eu tort.

— Es-tu sincère ?

— Tout à fait sincère. (Elle se lève, le supplie d'un ton pitoyable.) Ne vous mettez pas en colère, je recopie cela tout de suite.

— Très bien. (Il lui tend le pinceau.) Je t'attends !

Quand Yuqin a fini de recopier « les vingt et un articles », l'Empereur lui dit :

---

1. D'après Puyi lui-même : « Je l'ai battue ; ce ne fut pas la seule fois. »

— Allons, viens avec moi prêter serment devant les Seigneurs Bouddhas!

Lorsque, précédée de l'Empereur, elle entre dans la pièce voisine, elle a l'impression que ses jambes se dérobent sous elle, tant elles tremblent. Sur un autel sombre trônent, jambes croisées, mains jointes, yeux mi-clos, toute une flopée de grands et petits bouddhas. A l'extrémité des bâtons d'encens, des points rouges brillent, tels des feux diaboliques; ils envoient vers le plafond des volutes de fumée légère, qui flottent. Il y a aussi deux bougies rouges, comme deux poignards dans un corps humain, dont les flammèches dansantes ressemblent à du sang qui sans cesse jaillirait d'une plaie.

— Mets-toi à genoux! ordonne l'Empereur à voix basse.

Yuqin s'effondre sur le banc de prière.

— « A l'égard de l'Empereur, Li Yuqin doit impérativement respecter les vingt et un articles suivants... »

Puyi s'est lui aussi agenouillé, il tient à la main les feuillets qu'il a lui-même écrits et les récite à haute voix, entonnant seul la psalmodie.

— « A l'égard de l'Empereur Li Yuqin doit impérativement respecter les articles suivants... »

Elle répète à son tour le texte, serrant entre ses doigts les feuillets qu'elle vient tout juste de recopier.

Puyi poursuit:

— « Article premier, la volonté de l'Empereur est la volonté de Yuqin... »

— « Article premier, la volonté de l'Empereur est la volonté de Yuqin... », répète Yuqin. Des larmes brûlantes ruissellent sur son visage...

— « En témoignage de ta sincérité, que ceci soit brûlé sur l'autel. Le Seigneur Bouddha nous en soit garant: si jamais est enfreint un seul de ces articles, que s'ensuive le châtiment! »

Au moment où Yuqin achève la dernière phrase du « règlement », Puyi a déjà fait craquer une allumette et enflammé les feuillets qu'elle tient entre ses doigts.

Ils sortent, les nuages qui assombrissaient le visage de Puyi se sont dissipés.

— Je savais bien, dit-il, que tu m'écouterais! (Et il ajoute sans perdre une seconde:) Nous allons rester ensemble à jamais! Toute la vie... toute la vie...

Il la soulève dans ses bras, et l'emporte, très ému, dans sa chambre à coucher.

V

Evénement heureux

Les oies sauvages traversent le ciel en direction du nord, en longues files qui dessinent le caractère « homme[1] ».

Dans le jardin-est, sur l'avant gauche du palais Tongde, les eaux pures du ruisseau chantent gaiement. Partout, autour de la montagne artificielle, les arbres de toutes espèces lancent des rameaux tendres. Le vaste étang renvoie les reflets des prunus, des rosiers jaunes et des forsythias, mêlés aux touffes nuageuses des buissons verts.

En ce jour, tout le palais impérial est tendu et paré de rouge, décoré de toutes ses lanternes. C'est un flot ininterrompu de fonctionnaires civils et militaires, de parents de la famille impériale dans leurs beaux atours à la dernière mode. Tous arborent un visage heureux. Les gens de service, hommes et femmes, ont fait toilette. Les servantes surtout, quel que soit leur âge, portent un corselet pourpre, et des fleurs rouges à profusion sur la poitrine et dans les cheveux...

Yuqin est assise sur une chaise dans sa chambre à coucher, devant la fenêtre, face au jardin. Elle porte un *qipao*[2] de velours jaune d'or et son visage est triste. Mademoiselle la Deuxième est en train de la coiffer et, tout en maniant le peigne, ne cesse de parler :

— Après la cérémonie de l'Investiture, tu ne seras plus « Mademoiselle », mais « Dame précieuse[3] ».

---

1. Image traditionnelle de la poésie chinoise classique. Le caractère « homme » (*ren*) — un « V » renversé — est « lu » dans le vol en pointe des oiseaux migrateurs.

2. La robe traditionnelle (d'origine mandchoue), longue et très ajustée, au col étroit et montant.

3. Un des titres officiels des concubines impériales, le cinquième rang au-dessous de l'Impératrice.

— Hum ! marmonne Yuqin.

— Une Dame précieuse a la dignité de Dame précieuse, elle ne doit en aucun cas...

— Hum! répète Yuqin machinalement, sans attendre que Mademoiselle la Deuxième ait terminé sa phrase.

— Ne t'en fais pas pour la cérémonie, je serai à côté de toi, tu n'auras qu'à m'écouter..., poursuit Mademoiselle la Deuxième, gentiment.

Yuqin n'a pas entendu un seul mot de ces recommandations, car tout son cœur, en ce moment, est plein de sa mère, de sa sœur aînée.

« Quelle solitude! songe-t-elle. C'est donc aujourd'hui mon mariage, à ce qu'il paraît ? Quand ma sœur s'est mariée, toute la famille était là, c'était tellement gai... Tandis que je n'ai même pas un seul des miens auprès de moi... »

— L'Empereur a dit que, pour ce qui est des hommages, tu ne peux recevoir que ceux de la génération suivante, des neveux et de leurs épouses, et naturellement aussi des serviteurs. (Le règlement épargnait à Mademoiselle la Deuxième de présenter ses hommages à Yuqin, ce qui la soulageait visiblement.) Tu es très jeune, il convient d'être modeste[1].

— Hum!

A ce moment, Yuqin se rappelle que, la veille, l'Empereur a dit qu'il voulait lui accorder le titre de Dame précieuse parce que, a-t-il précisé, « tu as l'air d'avoir de la chance. Une fois que je t'aurai nommée Dame précieuse du Bonheur, si plus tard je rencontre des malheurs, tu pourras les neutraliser avec le bonheur qui est en toi »... « Il dit que j'ai de la chance, songe Yuqin. Quelle chance? Suffira-t-elle à neutraliser les vingt et un articles ? »

Mademoiselle la Deuxième continue à débiter ses conseils tout en admirant sous tous les angles le chef-d'œuvre qu'elle est en train de créer avec les cheveux de Yuqin.

---

1. La famille impériale réprouvait le choix de Puyi. Parce que bon nombre de ses dames avaient refusé de rendre à une personne aussi jeune et aussi mal éduquée les honneurs prévus par l'étiquette et parce qu'on craignait qu'elle ne se rendît ridicule en se fourvoyant dans les arcanes de la cérémonie, on avait allégé les règles.

— Selon la tradition ancestrale, tu dois suivre le rite des six révérences, cette fois-ci. Tu n'auras plus à frapper le sol de ton front que...

— Hum!

Yuqin est toujours perdue dans ses pensées : « On m'avait dit que c'était pour étudier qu'on m'envoyait ici ; je me voyais déjà à l'Université, j'y croyais vraiment... Quelle idiote j'étais! Quand mon frère et ma sœur se sont mariés, ils avaient environ le même âge que ceux qu'ils épousaient, et moi, voilà que je vais être unie à lui, un homme de trente-sept ans... »

— C'est parfait! déclare Mademoiselle la Deuxième en souriant, après avoir admiré la coiffure de Yuqin par-devant, par-derrière, et de gauche, et de droite. Oh! déjà neuf heures, nous devons nous hâter.

Dans le pavillon Qixi, l'Empereur Puyi sort de sa bibliothèque, revêtu de son costume de cérémonie d'un jaune d'or lumineux[1], qui rehausse encore sa noble prestance. Au moment où il atteint la première marche de l'escalier, il perçoit des sanglots, qui proviennent d'une des pièces latérales de l'est. Il sait qu'il s'agit de Wanrong, l'Impératrice, qu'il a condamnée à la relégation voilà des années et confinée ainsi à l'écart. Il y a longtemps qu'il ne l'a pas vue. Ces pleurs affectent son humeur et aussitôt il lance un ordre :

— Qu'est-ce que vous attendez pour faire taire cette folle[2]?

— A vos ordres!

Et le valet court transmettre la consigne.

L'Empereur descend lentement l'escalier. Arrivé au rez-de-chaussée, il pousse doucement la porte d'une pièce latérale de l'ouest.

Il reste là, debout, silencieux, les yeux fixés sur une couche moelleuse — un sofa pour deux personnes —, installée sous la

---

1. Le jaune « radieux » est la couleur de l'Empereur. A noter que Yuqin, ce jour-là, est aussi habillée de jaune.
2. Wanrong est reléguée depuis « l'affaire de 1935 », c'est-à-dire depuis huit ans (cf. ci-dessous p. 95 et p. 159). Elle s'adonne à l'opium et perd peu à peu la raison.

fenêtre qui donne au sud. Il regarde le baldaquin en forme de palmes qui garnit le lit et aussitôt l'image souriante de Tan Yuling, la concubine qu'il a tant aimée, apparaît à ses yeux. Il se souvient des tendres confidences qu'il a échangées dans cette pièce avec elle, sa « Dame précieuse de la Chance », mais aussi de la fois où ils ont été tous les deux invectivés par les Japonais. Il se souvient encore davantage du jour délicieux de son Investiture — c'était le 25 février 1937 — mais en même temps il lui est impossible d'oublier cet autre jour, le 13 août de l'année passée, où, assis à son chevet — elle était brutalement tombée malade, empoisonnée par les Japonais —, il laissa la douleur de son âme inonder de pleurs son visage.

— O mon Epouse précieuse de Sagesse, soupire-t-il, et il sort de sa poche l'« image sans prix », une photographie en pied de Tan Yuling[1] qui ne le quitte jamais. Il l'appelle ainsi doucement par le « titre honorifique » qu'il lui a attribué après sa mort et cependant qu'il la regarde et la regarde encore, ses larmes coulent...

Ce portrait, il ne sait plus combien de fois il l'a contemplé, depuis le premier jour où il l'a vu — c'était l'année où Madame Li[2] lui avait présenté Yuling — jusqu'à la disparition de la jeune femme, il y a trois mois. Durant tout ce temps, il l'a gardé précieusement sur lui. Regarde : la photo a été prise dans le jardin, devant une « porte de lune » toute ronde. Yuling est vêtue d'un *qipao* à petites manches. Les cheveux, coupés court, dégagent le cou. D'un geste naturel, elle croise ses deux bras nus sur sa poitrine, si gracieuse, si fine, si délicate. Sur son visage au teint transparent flotte un léger sourire, qui donne à ses lèvres à peine entrouvertes un air de réserve et de profondeur. A l'envers de la photo, Puyi a

---

1. Tan Yuling, appelée à la Cour pour « punir Wanrong », était, elle aussi, de noblesse mandchoue (son patronyme chinois ayant été adopté par sa famille au moment où Puyi avait été expulsé de la Cité interdite). A noter que l'expression « Epouse précieuse de Sagesse » confère à la jeune morte un titre de trois degrés plus élevé que celui qu'elle portait de son vivant, et « chance » a été remplacé par « sagesse ».
2. Fille de Yulang, neveu de Puyi.

écrit de sa main, en petits caractères d'imprimerie: « Ma bien-aimée Yuling », expression de l'immense amour, de l'infinie tendresse qu'il garde pour elle en son cœur.

« Tout cela est du passé... » Puyi caresse les rideaux du lit, il caresse la couverture et l'oreiller de Tan Yuling, il songe: « Toi, la personne la plus chère que j'aie eue dans ma vie, tu n'aurais pas dû me quitter si tôt! Je suis obligé, pour échapper aux harcèlements des Japonais, de faire un nouveau choix, de prendre une nouvelle compagne, pardonne-moi... »

Un regard sur sa montre, et Puyi s'aperçoit qu'il est déjà neuf heures et demie. Il s'arrache à cette chambre avec un grand effort et se rend, la tête basse, à l'étage au-dessus. Alors, tel un acteur qui va entrer en scène, il se concentre pour se préparer à jouer son rôle et s'y oublier totalement. Qui que ce soit qui le croise ou le salue, il n'en a cure. Lorsqu'il a enfin poussé la porte de la bibliothèque et s'est installé sur son fauteuil, il est devenu un tout autre homme: souriant, détendu, l'Empereur donne l'impression de n'avoir jamais été aussi heureux qu'aujourd'hui!

L'orchestre de cuivres du palais impérial se met à jouer, la cérémonie de l'Investiture commence. Précédée par Mademoiselle la Deuxième, Li Yuqin arrive à pas lents, s'appuyant au bras de deux jolies femmes en grande toilette. La voici devant l'Empereur...

— Pour la célébration de l'Investiture, que l'Empereur accepte mes vœux de salutations: Bonheur et Richesse l'accompagnent, Longévité et Joie sans limites. Que tout arrive selon son désir.

C'est Mademoiselle la Deuxième qui tient le rôle de chef du protocole. Visage impassible, elle déclame les formules d'une voix traînante. Li Yuqin, accordant ses gestes aux indications ainsi données, s'est agenouillée devant l'Empereur et offre à Puyi, à deux mains, un sceptre « *ruyi*[1] » en jade, décoré d'un très joli motif.

---

1. *Ruyi*, littéralement « selon (vos) vœux »: une sorte de sceptre symbolisant Bouddha et la Destinée, et qui est censé pouvoir exaucer les vœux.

L'Empereur se lève, reçoit le sceptre et se met à marmonner en regardant fixement devant lui :

— Respectueux de la volonté du ciel et des mérites de nos ancêtres, j'investis Li Yuqin du titre de « Dame précieuse du : Bonheur »...

Tout en parlant, il lui tend un autre *ruyi*.

— Grâces soient rendues! clame Mademoiselle la Deuxième.

Plus elle se veut sérieuse, plus elle est compassée et artificielle. Puyi, qui l'observe, trouve cela très amusant.

— Grâces soient rendues! dit Li Yuqin en recevant le sceptre des mains de l'Empereur et elle fait aussitôt les salutations protocolaires : trois agenouillements et neuf inclinations.

Pendant ce temps, Mademoiselle la Deuxième débite des paroles correspondant aux salutations auxquelles se livre Yuqin, tel un « récitant » qui explique le jeu d'un acteur. Et, tout en continuant à marmotter ses formules, elle songe qu'il est fort amusant pour elle de remplir ce rôle de récitant au service de l'Empereur, mais en même temps elle perçoit le comique de la chose. Aussi, chaque fois qu'elle bute sur un mot dans ses « explications scéniques », elle ne peut s'empêcher de rire du coin de l'œil et de la bouche. Son frère qui a remarqué son expression, car ses yeux se sont, au passage, arrêtés sur elle, n'ose plus la regarder. Il tousse, se mord les lèvres.

Comme Li Yuqin termine sa dernière inclination et que s'achève également la dernière « explication » de la Deuxième, Puyi, oubliant à la fin la solennité de la circonstance et celle de son rang, au moment où il étend le bras vers Yuqin pour la relever, se sent pris d'un fou rire irrésistible. Mademoiselle la Deuxième, libérée de la contrainte qu'elle s'imposait, laisse elle aussi exploser son rire, dont les éclats partent comme autant de flèches[1].

_____

1. C'est un rire de soulagement (cf. ci-dessus p. 46, note 1) mais aussi de moquerie : Mademoiselle la Deuxième et Puyi sont sensibles au ridicule de la situation, à la gaucherie de la nouvelle « Dame précieuse ». Rien de la solennité et du bonheur qui présidaient à l'Investiture de Tan Yuling.

— Inclinons-nous... Inclinons-nous devant les Ancêtres.

Au bout d'un long moment, Mademoiselle la Deuxième a enfin réussi à se maîtriser. Elle se hâte d'annoncer au public la suite du programme. Heureusement, l'orchestre a repris ses flonflons. Puyi et Yuqin en profitent, s'esquivent du côté du pavillon « Service du peuple » pour aller se prosterner devant les Ancêtres. Et ainsi se termine une scène qui a dû faire souffrir là-haut les mânes des vénérables Anciens...

Ce jour-là, Li Yuqin est incapable de se rappeler combien de fois elle a frappé le sol du front, combien de fois d'autres l'ont fait devant elle. Elle a tout oublié. Elle sait seulement que, la cérémonie achevée, tandis que l'Empereur se rend dans la cour extérieure pour recevoir les hommages de ses sujets, elle reste assise au palais Tongde : ses jambes lui font si mal qu'elle ne peut plus bouger.

Cependant, au moment où les invités au grand banquet — les hommes et les femmes installés sur deux aires séparées — en arrivent au troisième toast, au moment où la fête atteint à son apothéose, une nouvelle surprenante court discrètement de bouche en bouche : l'Empereur et la Dame du Bonheur ont disparu sans laisser de traces...

VI

Jeu de cache-cache avec l'écouteur

— Ha, ha!

Puyi, allongé sur le lit de Li Yuqin, rit à gorge déployée. Il tient à la main une photographie de six pouces :

— Ils disaient, l'autre jour, que j'avais disparu, quels imbéciles! J'étais justement devant le palais Tongde pour te photographier, et ils ne sont pas venus là, ha! ha!

Debout devant lui, Li Yuqin sourit.

— Ils ne nous ont cherchés que dans le pavillon Qixi, et dans le jardin-ouest. Comment auraient-ils pu penser que... »

— Nous étions dans le jardin-est, devant le palais Tongde. (Puyi se relève, et tend la photo à Li Yuqin.) Regarde un peu, ce n'est pas mal du tout, hein? J'ai du talent!

Yuqin prend la photo, et l'examine : devant l'imposant palais Tongde, elle est là, debout sur le perron, revêtue de la robe de velours jaune qu'elle portait ce jour-là, des fleurs rouges dans les cheveux, les deux bras le long du corps.

— On va l'envoyer à l'Impératrice du Japon[1], n'est-ce pas? propose-t-il, mais Yuqin ne semble pas très satisfaite de la photo.

— J'ai le visage figé.

— C'est très bien comme ça, déclare Puyi, qui a repris la photo et l'examine encore. Cela fait plus sérieux, tu es une Dame précieuse, c'est la pose qui convient.

Depuis qu'elle est entrée au palais, Yuqin l'a entendu dire à tout instant : « Souhaitons la victoire de l'armée impériale. » « Sa Majesté l'Empereur par-ci, Sa Majesté l'Empereur par-

---

1. L'Impératrice douairière, mère de Hiro-Hito.

là... » A en juger par ses propos, songe-t-elle, on pourrait croire que le véritable Empereur, ce n'est pas lui, mais bel et bien cet autre, celui qui se trouve là-bas au Japon! Ils sont tous les deux Empereurs pourtant mais, en définitive, lequel est le plus puissant? Ainsi, même pour le choix d'une Dame précieuse, il faut envoyer une photo à l'Impératrice japonaise! Et, en plus, des cadeaux en mon nom! Comment est-ce possible de la part d'un Empereur? C'est plutôt, à n'en pas douter, la relation hiérarchique entre un suzerain et son vassal... Malgré son jeune âge, Yuqin est perspicace et réfléchie. Alors, comme l'Empereur, ce jour-là, est de très bonne humeur, elle lui dit tout uniment le fond de sa pensée :

— Pourquoi faut-il envoyer une photo et des cadeaux? Votre Majesté est Empereur tout comme lui, l'Empereur japonais?

— Tu la fermes?

Puyi a sauté du lit à terre, comme traversé d'un courant électrique, le visage congestionné. Il voudrait dire quelque chose, mais ne trouve pas quoi et finalement, après un long moment de silence, il se met à déclamer :

— Sa Majesté l'Empereur a la toute-puissance, le Japon et la Mandchourie sont proches comme pays frères. Même vertu, même cœur...

— Votre Majesté!

Yuqin a été terrifiée par la réaction de Puyi. Cependant, lorsqu'elle voit que son explosion de colère contre elle ne va pas plus loin, elle est un peu soulagée. Jeune et naïve comme elle est, elle espère encore obtenir quelques explications supplémentaires sur ce qu'elle comprend mal, par exemple cette phrase : « Le Japon et la Mandchourie sont proches comme pays frères! » Mais l'Empereur a peur de tout, même d'un fonctionnaire à son service comme Yoshioka.

Puyi, craignant d'entendre Yuqin prononcer encore des « paroles de tigre[1] », parce qu'elle ignore totalement la situation, agite la main avec insistance en écarquillant les yeux tant qu'il peut. Et Yuqin ravale le reste de ce qu'elle

---

1. Des paroles gonflées d'orgueil et de menace.

voulait dire. Après cela, Puyi, une cigarette plantée au coin de la bouche, fait les cent pas sur le tapis ; au bout d'une bonne dizaine de minutes de silence, il prend tout à coup un stylo et se met à griffonner quelque chose sur une feuille de papier qu'il passe à Yuqin.

Elle y lit la phrase suivante : « Ne pas parler à la légère dans le palais, les propos sont rapportés à l'extérieur. »

Yuqin, très intriguée, descend du pavillon sur les pas de Puyi, qui la conduit vers le jardin-est. Les questions qui, à l'instant, tournoyaient dans son esprit se dissipent dans les nues, chassées par les parfums capiteux des fleurs, la musique de l'eau vive et la pureté de l'air. Elle contemple, elle examine, portant ses regards de tous côtés, trempe sa main dans l'eau du ruisseau, cueille une fleur sauvage pour apprécier son odeur, sa beauté... Puyi n'est pas du tout en colère contre sa conduite étourdie de tout à l'heure, il se contente de la regarder sans mot dire... « En fin de compte, pense-t-il, c'est encore une enfant, elle est si naïve. » Et il poursuit tout en marchant : « Il n'empêche qu'elle a son point de vue à elle, en particulier en ce qui concerne les Japonais... Après deux mois d'observation, j'ai le sentiment qu'elle n'est pas une espionne à leur service. »

— Votre Majesté ! crie Yuqin de loin, une petite tige d'ail ! Regardez, un petit plant d'ail !

— Un petit plant d'ail ? s'exclame Puyi qui avait pensé, en la voyant fouiller dans la terre à genoux, qu'elle avait trouvé de l'or ou de l'argent.

Il se dirige vers elle à grands pas et, voyant qu'elle a dans la main une herbe sauvage avec sa racine, une sorte de bulbe, il éclate de rire :

— Une herbe sauvage te rend si heureuse ?

— Comment, une herbe sauvage ? s'écrie Yuqin, indignée, et elle lui explique avec beaucoup de sérieux la valeur de sa découverte : Tous les printemps, nous allons cueillir cet ail pour assaisonner le coulis de soja...

— Qu'est-ce que c'est, le coulis de soja ? demande Puyi, qui n'en a jamais entendu parler.

— Un condiment fabriqué avec le jus de soja, dit Yuqin, et

elle se lance dans « un cours » sur le coulis de soja et son usage, afin de combler cette lacune regrettable dans les connaissances de Sa Majesté.

— Ah! C'est ainsi, dit-il, hochant la tête sans vraiment comprendre.

Une mouche vient de se poser sur son nez, il sort en hâte de sa poche une petite boîte, et nettoie l'arête de son appendice nasal avec du coton imbibé d'alcool.

Yuqin continue sa leçon.

— Ce petit ail, on peut aussi le faire sauter...

— Ah oui! Une fois sauté, avec du riz, il se peut que ce soit bon..., dit l'Empereur complaisant, pour montrer qu'il n'est pas si ignorant en la matière.

— Mais non, pas avec du riz, proteste Yuqin, à la surprise de Puyi. Nous autres, gens du peuple, poursuit-elle, nous avons rarement l'occasion de manger du riz.

Puyi est encore plus étonné.

— Mais pourquoi? Ce n'est pourtant pas si extraordinaire.

— Manger du riz, c'est un crime économique, dit-elle. (Ils escaladent la montagne artificielle.) On risque la prison.

— Ah bon?

— Hé oui. (Et comme il suspend son pas, elle poursuit :) Un de mes parents proches a été arrêté par des miliciens, parce qu'il avait vomi du riz dans la rue un jour qu'il était malade. Ils l'ont battu... A mort.

— C'est donc ainsi? (L'Empereur est très intéressé par les propos de cette petite Dame précieuse du Bonheur.) Peux-tu me dire encore d'autres choses sur ce qui se passe en dehors du palais?

— D'autres choses?

Ils arrivent au sommet de la montagne artificielle. Puyi s'assied sur un banc de pierre et, d'un signe de la main, l'invite à s'installer en face de lui. Elle ne cesse de jouer avec les quelques plants d'ails qu'elle a gardés à la main.

— Toutes les familles ont la vie très dure, reprend-elle. Ma mère, par exemple, ne pouvait nous acheter des pastèques que vers la fin de la saison.

— Mais j'ai déjà donné dix mille *yuan* à ta famille ! Sa situation s'est arrangée maintenant, n'est-ce pas ?

— Oui, mais...

Tout à coup, elle se rappelle les ennuis que rencontre son père pour obtenir un permis de restaurateur. Elle voudrait bien profiter de l'occasion qui se présente pour demander une faveur. Mais les « vingt et un articles » reviennent brusquement à son esprit et elle n'ose pas « agir à la légère ». Elle ravale en hâte le reste de la phrase et la termine comme elle peut :

— Bon nombre de familles vivent encore dans la gêne...

— C'est vrai ?

— Quelquefois, l'hiver, dans la rue, on voit des gens à peine couverts d'un sac de chanvre tomber brusquement par terre, morts... (En cet instant, on dirait bien qu'elle a oublié que cet homme assis en face d'elle est le très puissant Empereur. Elle continue de lui exposer la situation, appuyant ses propos par des gestes.) Chaque jour, au petit matin, à cause du froid, on trouve quantité de gens « tombés dans la rue ».

— Qu'est-ce que cela veut dire, « tombés dans la rue » ?

— Eh bien, des gens qui...

Et elle est obligée de lui expliquer, de lui donner une seconde leçon.

Puyi éprouve un vif intérêt, et en même temps il est ébranlé par les propos de Yuqin. Il se souvient de cette nuit d'automne, à Tianjin, alors que, chassé de la Cité interdite, il attendait, humilié, l'occasion de saisir sa chance. Il s'était caché dans le coffre de sa voiture (un coupé) pour réussir finalement à atteindre, le cœur battant, le corps endolori, le quai postal de la concession française[1]. Il se rappelle aussi

---

1. En 1931, alors que les Japonais méditent la création de l'Etat fantoche du Mandchoukouo, Puyi s'enfuit de Tianjin. Caché dans le coffre de sa propre voiture, il quitte sa villa et se rend dans un restaurant d'où les Japonais de l'Ambassade le conduisent sur le port postal, dans la concession française. De là le groupe descend le Haihe jusqu'à la mer. Puyi n'ira pas plus loin que Port-Arthur (Lüshun), où il attendra encore deux ans la « restauration » promise par ses protecteurs.

comment, cette fois-là, les Japonais l'ont empêché d'être Empereur, l'autorisant seulement à « régir » le nouvel Etat. Lorsqu'il eut obtenu d'eux, non sans mal, de reprendre son titre après deux ans de cette « Régence », il lui fut interdit de porter la robe du Dragon[1] à la cérémonie de l'Intronisation... Il n'oublie pas non plus que son moindre geste est épié, que sa vie dépend d'une prudence de tous les instants... Cependant, de l'angoisse qui le tourmente, il ne peut rien dire. Il n'a pas un seul ami à qui se fier! Bien qu'il ait « choisi » cette petite fille assise en face de lui dans un tas de photos, uniquement pour obéir à Yoshioka et s'éviter ainsi de nouveaux ennuis, tout ce qu'elle a dit mérite bel et bien réflexion : il se sent en accord intime avec elle. Alors, au terme de sa réflexion, il frappe de la main sur la table de pierre et laisse parler son cœur :

— C'est parce que l'Œuvre des Ancêtres n'a pas été restauré que mon peuple supporte cette vie de misère!

— Restaurer l'Œuvre des Ancêtres? (Yuqin ne suit plus.) Qu'est-ce que c'est, l'Œuvre des Ancêtres?

— L'immense Empire des Qing...

Il s'est lancé dans des explications. Cette fois c'est à l'Empereur d'éclairer l'ignorance de cette petite fille.

— L'Empereur suprême, plus haut que tout autre, l'Empereur authentique se trouve dans la famille des Aisin Gioro[2], la mienne, et moi, je suis cet authentique Dragon, Fils du Ciel, qui ai reçu de Lui mon mandat[3]...

— Ah? (Elle hoche la tête pour signifier qu'elle le comprend sans trop comprendre.)

— Quand je serai de retour à Pékin, dans la Cité interdite, les gens du peuple auront une vie meilleure...

— C'est vrai?

---

1. Le Dragon est Fils du Ciel. Tout ce qui appartient à l'Empereur est marqué de son emblème.

2. Le nom de famille des Empereurs de la dynastie des Qing (1644-1912).

3. Le fondateur d'une dynastie et ses descendants ont reçu du Ciel un « mandat » pour gouverner le peuple et assurer la prospérité de l'Empire. Malheur à lui s'il y faillit.

Sur le coup, Yuqin le croit pour de bon Fils du Ciel, authentique Dragon divin, et elle espère sincèrement qu'il retournera au plus tôt dans la Cité interdite. Mais aussitôt elle revoit cet air de panique qu'il avait tout à l'heure dans le palais ; elle se rend compte aussi des contradictions entre ses propos, selon qu'il les tient à l'intérieur ou au-dehors.

— Mais alors, demande-t-elle, allant droit au but, mais alors, pourquoi Votre Majesté ne consent-Elle à exprimer ses sentiments qu'à l'extérieur, pourquoi est-ce que, dedans...

— Le palais Tongde a été construit il y a cinq ans par les Japonais. Je crains qu'ils n'y aient installé des « écouteurs pirates ».

Il sort de sa poche la feuille qu'il a utilisée dans le palais tout à l'heure et, sous la phrase qui y figure déjà, il écrit en caractères imprimés : « écouteurs pirates ». Yuqin prend le stylo, reproduit à son tour le caractère « pirate », qu'elle ignorait et qu'elle vient d'apprendre. Et elle regarde Puyi, le cœur empli d'un profond respect...

Elle le regarde longuement, puis, sous « écouteurs pirates », elle écrit à son tour : « Authentique Dragon, Fils du Ciel ! »

Lui aussi a les yeux levés vers elle, il sourit. Puis il biffe en grande hâte tous les caractères inscrits sur le papier, le froisse en une boulette qu'il lance en bas de la petite montagne artificielle. Elle flotte, se défait petit à petit dans le vent et se pose enfin sur le ruisseau qui coule au pied des rocailles, aussitôt emportée par le courant...

VII

Le rat et les êtres humains

L'été est revenu.

Yuqin s'est habituée peu à peu à la vie au palais. Elle ne doit respect et vénération qu'à l'Empereur (qui, d'ailleurs, est souvent gentil avec elle), et les autres doivent tous se montrer attentionnés et prudents quand ils sont devant elle. Bien que Mademoiselle la Deuxième la méprise, elle, la fille du peuple, bien qu'elle manifeste de temps à autre sa réprobation pour ses manières trop frustes, elle lui cède le pas sur toutes choses car Yuqin est Dame précieuse et elle, la sœur de l'Empereur, une personne respectueuse de l'étiquette féodale. Quant aux épouses des princes proches de la branche impériale (comme ceux-ci ont été appelés par Puyi au palais pour y étudier, et qu'elles y résident avec eux, on les nomme aussi « femmes des étudiants ») quel que soit leur rang, en fonction du degré de parenté ou de génération, leur statut est inférieur à celui de Yuqin, cette enfant de quinze ans. Elles ont, pour la majorité d'entre elles, plus de vingt ans, voire trente, mais quand elles viennent au palais « accompagner les études » ou « accompagner les distractions » de leur époux, elles ne peuvent se permettre d'agir sans consulter le visage de Yuqin. De plus, les serviteurs accourent à son appel et lui assurent un service parfait ! C'est pourquoi, malgré les contraintes des « vingt et un articles » et le chagrin qui la tourmente de ne pas revoir les siens, Yuqin se donne tout de même du bon temps et elle a le cœur à l'aise. Au début, la vieille servante ne la laissait pas sortir, mais maintenant, lorsqu'elle se sent lasse des lectures et des exercices écrits, elle va jouer à cache-cache dehors avec ses « compagnes d'études », ou elles se racontent des histoires. Quand elle a faim, il lui suffit de dire un mot pour qu'en un clin d'œil une dizaine de plats et toutes sortes de gâteaux s'étalent devant ses yeux. Elle est, certes, confinée dans une des enceintes du palais, mais elle y dispose tout de même de quatre ou cinq pièces. La nuit, elle a sa chambre à elle pour dormir... Entre sa vie actuelle et celle d'autrefois, la différence est aussi grande qu'entre le ciel et la terre ! Auparavant, sans même parler du privilège d'avoir des gens à son service et de manger une si bonne nourriture, toute la famille s'entassait pour la nuit sur l'unique *kang*, et quand on voulait se retourner, c'était toute une affaire... De plus, malgré sa sévérité, l'Empereur a pour elle un cœur de Bouddha... En pensant à tout cela, Yuqin s'est apaisée. Elle se félicite d'avoir obtenu du Ciel un tel destin ! Tout ce qu'elle a aujourd'hui, c'est une « création » de sa propre « bonne fortune », c'est le « lot de bonheur » qu'elle méritait !

Le vieux proverbe dit : « Liesse du cœur, santé du corps » ! Yuqin a non seulement les joues plus rondes mais aussi le teint plus blanc ! Maintenant, quand elle joue aux cartes avec Dame Jian la Sixième, Yang Jingzhu, épouse de Yutang, Ma Jinglan, épouse de Yu'ai et d'autres[1], elle sait adopter une attitude et des façons tout à fait conformes à ce qu'on attend de la « Dame précieuse du Bonheur » !

— La Dame précieuse a vraiment du bonheur, elle a encore gagné ! dit en souriant Ma Jinglan en battant les cartes, son regard posé sur Yuqin. En fait, elle a voulu lui faire plaisir et elle a perdu exprès.

— Disons que c'est grâce au bonheur de l'Empereur, dit Yuqin, le visage illuminé de joie. L'Empereur a le cœur si gai, ces derniers jours, que nous en bénéficions tous...

— Bien sûr, c'est grâce à l'Empereur..., a répété on ne sait qui en écho.

— Comment osez-vous dire du mal de moi dans mon dos ? s'écrie une voix. C'est bien le cas de le dire : Qui parle de Cao Cao voit Cao Cao[2] !

---

1. La sixième épouse de Pujian, frère de Puyi, et les épouses de ses neveux (dont le « nom de génération » est « Yu »).

2. Cao Cao (155-220) (prononcer Ts'ao Ts'ao), grand général et grand poète de l'époque des Trois Royaumes — l'expression équivaut à notre proverbe français : « Qui parle du loup en voit la queue. »

C'est Puyi qui est entré brusquement et vient s'installer auprès d'elles.

— L'Empereur !

Tout le monde se lève dans un vacarme de fauteuils et exécute sur une seule ligne salutations et révérences.

Puyi a pris place.

— Vous avez fini d'étudier ? demande-t-il et il joue avec les cartes.

— Nous avons fini. (Dans une telle circonstance, c'est naturellement la Dame précieuse qui répond la première :) Nous avons travaillé sur « les vers en six caractères[1] » et ensuite nous avons joué un moment en bas, au ping-pong...

— Parfait. (Puyi balaie l'assemblée du regard.) Vous étiez si absorbées que vous n'avez même pas remarqué ma présence dans la bibliothèque. J'étais caché derrière la porte et j'ai tout entendu. Heureusement que vous ne disiez pas du mal de moi...

Elles se regardent les unes les autres, se retenant de rire.

— Allons, je vais jouer aux dés avec vous, dit Puyi. (D'un geste il invite les joueuses à s'asseoir.) N'ayez pas peur, c'est toujours la même règle : si je perds, je vous laisse mon enjeu ; et si je gagne, je vous tiens quittes. Dans tous les cas, c'est moi qui offre !

— Ah, très bien !

— Alors, qu'est-ce qu'on attend ?

Toutes s'activent, s'installent l'une après l'autre autour de la table.

En réalité, Puyi n'a pas la tête à jouer aux dés. Tout à l'heure, il a eu une conversation avec Yoshioka, après laquelle il s'est demandé ce qu'elle pouvait bien présager de bon ou de mauvais. Alors il est allé consulter le sort ! La réponse, une fois de plus, n'était pas favorable. Puyi en a été troublé. C'est précisément à ce moment que quelqu'un de sa suite est venu l'informer de la fuite de Sun Boyuan, un petit serviteur du Palais. La nouvelle l'a mis en colère. Ce gamin

---

1. Une forme de poésie ancienne en six caractères dont les règles sont relativement moins complexes et moins rigoureuses que celles de la poésie classique traditionnelle (en cinq ou sept caractères).

d'une dizaine d'années, venu d'un orphelinat[1], avait déjà pris la fuite il y a quelques jours. Aussitôt repris, il avait été battu et laissé à demi mort. Cette fois-ci, il a voulu s'enfuir par la gaine souterraine du chauffage; mais, après avoir tourné là-dedans pendant deux jours et deux nuits, il n'a pu trouver d'issue et, la soif et la faim le poussant, il a dû ressortir pour chercher un peu d'eau, et il a été à nouveau repris. En entendant ce rapport, Puyi a considéré que le rebelle avait violé les « Règles de la Famille » et ordonné pour cet attentat à la morale un « châtiment rigoureux ». S'il est venu au Palais Tongde, c'est pour écouter chanter la Dame précieuse, afin de dissiper son humeur sombre. Il n'avait pas prévu que les autres jeunes femmes seraient chez elle à jouer aux cartes, et qu'il ne lui resterait plus qu'à se joindre à leur partie.

A peine ont-ils joué quelques minutes qu'on entend un bruit qui surprend toute l'assistance, chacun cherche d'où il provient. Quelqu'un soudain lance un cri.

— C'est un chat, un chat! C'est un chat avec un rat dans la gueule!

— Avec un rat dans la gueule? (Comme s'il y avait le feu dans le palais Tongde, l'Empereur crie à pleine voix:) Attrapez-le, sauvez le rat!

Aussitôt tout le monde bondit vers le couloir « au mépris de sa propre vie »...

L'Empereur est végétarien, il pratique le bouddhisme qui n'autorise pas même à tuer une mouche. Jusqu'à ce jour, avant de manger un œuf, il a toujours récité la « prière pour la vie future[2] ». Comment pourrait-il supporter qu'un chat tue un être vivant? Afin de mobiliser davantage de « renfort » pour « l'encerclement » du chat, il fait sortir ses neveux de la salle d'études.

Puyi reste avec la Dame précieuse dans la bibliothèque,

---

1. Les pensionnaires de cet orphelinat qui fournissait au palais ces « petits serviteurs » étaient pour la plupart des enfants de résistants mandchous assassinés par les Japonais. On avait changé leurs noms et ils étaient traités de telle sorte qu'ils ne survivaient pas longtemps. (D'après les Mémoires de Puyi.)

2. Afin d'écarter l'éventualité d'être puni, dans une existence prochaine, du crime d'avoir détruit une vie.

attendant les résultats grandioses de « cette armée puissante ». Au bout d'un long moment, Mère Zhang revient enfin annoncer joyeusement la bonne nouvelle:

— Le rat a été sauvé, on lui a rendu la liberté!

Alors seulement Puyi se sent soulagé.

En voyant Mère Zhang, Yuqin s'est rappelé ce qu'elle lui a dit hier. Puyi aurait déclaré en présence d'une de ses sœurs, entre autres choses, que Yuqin ne s'acquittait pas avec assez de conscience de ses prières. Mère Zhang, en répétant cela, était animée d'une bonne intention: mettre Yuqin en garde, de sorte qu'elle évitât de s'attirer le mécontentement de l'Empereur... Et maintenant que l'Empereur est devant elle, la jeune Dame précieuse, impatiente, ne peut contrôler ses sentiments, et dit:

— Votre Majesté! L'humble Yuqin voudrait vous parler.

— Parle, dit Puyi les yeux fermés, les lèvres frémissantes. Sans doute est-il en train de réciter quelque prière en faveur du rat.

— Lorsque Yuqin est dans l'erreur, l'Empereur doit, n'est-ce pas, le lui dire directement. Pourquoi, derrière moi...

L'Empereur rouvre les yeux.

— Qu'est-ce que cela signifie? demande-t-il avec gravité.

— On m'a dit que l'Empereur, hier, a déclaré à une de ses sœurs que mes prières...

— Qui t'a dit cela? (L'Empereur a sauté, comme le taquet d'une serrure qu'on force.) Dis-moi qui a dit cela!

— Votre Majesté!

Yuqin se rend compte que l'affaire est sérieuse, mais elle s'est avancée trop loin pour reculer.

— Dans les vingt et un articles, il y en a un qui stipule que tu dois me dire la vérité. Qui t'a dit cela?

— Votre Majesté! Ce n'est personne, c'est moi qui...

— Ah oui! je me souviens — c'est Zhang Jingqing! Elle était seule à se trouver là hier! (Et il appelle à haute voix:) Zhang Jingqing! Zhang Jingqing!

Mère Zhang entre précipitamment dans la pièce, s'acquitte aussitôt des salutations d'usage et de la formule des vœux: « Que Mon Seigneur ait ses désirs exaucés. » Sans attendre qu'elle ait terminé sa phrase, Puyi s'est jeté sur elle comme un lion :

— Pourquoi crées-tu des histoires entre moi et la Dame précieuse ? Pourquoi cherches-tu à provoquer des conflits entre nous ? Mauvaise ! Ingrate !...

Tout en criant, il la roue de coups de poing et de coups de pied, alors que Mère Zhang, à genoux, supplie et demande grâce en frappant la terre du front encore et encore...

— Votre Majesté ! Votre Majesté ! (Yuqin aussi s'est agenouillée. On ne reconnaîtrait pas sa voix tant elle est affectée :) C'est la faute à Yuqin, c'est ma faute à moi. S'il faut battre quelqu'un, qu'on me batte, moi... moi ! Votre Majesté !

— Mauvaise ! Ingrate ! crie-t-il, le visage flambant de colère, et il secoue la servante en tiraillant ses vêtements. Je te prenais pour une personne de confiance, je t'ai fait venir de la buanderie pour servir Dame précieuse de la Chance (Tan Yuling), et maintenant que tu es au côté de la Dame précieuse du Bonheur, tu te livres à des actes aussi laids...

— Votre esclave est bien coupable, votre esclave mérite le châtiment, que Mon Seigneur vénéré m'accorde la vie... et Mère Zhang continue de frapper la terre du front — un va-et-vient comparable à celui du pilon qui écrase les gousses d'ail dans un mortier.

— Votre Majesté ! Votre Majesté ! (Yuqin prend la main de Puyi, le supplie, des larmes plein les yeux :) Votre Majesté, battez Yuqin, battez Yuqin...

Puyi a baissé la tête, il jette un regard sur la Dame précieuse du Bonheur et, son cœur cédant enfin, il fait un grand geste de la main et s'assied dans le fauteuil.

— Retire-toi, voyons ! ordonne Yuqin à Mère Zhang, dont la veste est en lambeaux.

— Qu'il en soit ainsi ! souffle Mère Zhang.

Elle frappe encore plusieurs fois la terre du front et s'en va.

— On m'a vraiment fait de la peine..., soupire l'Empereur. (Il pleure, il attire Yuqin à lui, il lui dit :) Tu es la seule personne qui me soit chère...

Au crépuscule, Yuqin apprend que le petit serviteur du nom de Sun Boyuan a été battu à mort. Elle est informée également que l'Empereur a puni tous ceux qui ont participé au châtiment du fugitif en leur ordonnant de se frapper la paume des mains avec une canne de bambou tous les jours pendant six mois, en signe de repentir...

Yuqin s'inquiète pour l'Empereur. Et puis elle a envie de lui demander de pardonner à Mère Zhang. Aussi, la nuit tombée, rassemblant son courage, se glisse-t-elle discrètement dans le pavillon Qixi. Par la fente de la porte, elle voit Puyi agenouillé devant l'autel, en train de prier. Elle sait : l'Empereur est en train de conduire à sa Délivrance l'esprit de l'enfant mort victime d'injustice...

VIII

Un rêve étrange

Cette nuit-là, Yuqin fait un rêve : l'esprit de Sun Boyuan, le petit serviteur, descend doucement du ciel, se pose sur le balcon du palais Tongde et, après avoir tournoyé devant la fenêtre, entre dans sa chambre à coucher. Il se glisse légèrement derrière le paravent qui est au pied de son lit. Au bout d'un long moment, elle l'entend frapper doucement contre le panneau. Yuqin, épouvantée, se recroqueville dans son lit, n'osant plus bouger. Un instant après, répondant à cet appel répété, la licorne qui est peinte dessus se met à bouger... Elle balance avec force sa queue et sa tête, puis s'envole dans un coup de vent... Yuqin voudrait crier, mais elle ne peut pas. Elle voudrait s'enfuir, mais ses jambes sont paralysées... C'est alors qu'elle aperçoit un trait de lumière rouge devant la fenêtre et, aussitôt après, elle revoit Sun Boyuan : il entraîne la licorne sur ce chemin aérien. L'animal porte sur son dos Mère Zhang. Le groupe s'envole dans les nuages, vers l'Ouest[1]...

— Mère Zhang ! Mère Zhang ! crie Yuqin qui, bravant tous les risques, s'est précipitée dehors par la fenêtre et n'en finit plus de tomber...

La domestique de service, Mère Zhou, accourt en hâte sans prendre le temps d'enfiler ses vêtements. Elle secoue Yuqin en criant :

— Dame précieuse, que se passe-t-il ?

Yuqin s'assied sur son lit, essuie la sueur qui mouille son front, et cherche du regard le paravent à six pans placé devant son lit : la licorne y est encore, toutes griffes déployées !

---

1. Vers le couchant, le « Retour », la mort

Yuqin paraît rassurée. Elle demande à Mère Zhou un verre d'eau, le vide goulûment et d'un geste de la main la renvoie :

— Ce n'est rien... Tu peux disposer.

Que signifie ce songe? Yuqin ne trouve plus le sommeil. Elle est assise sur son lit, ses bras enserrant ses genoux sur la couverture, à contempler les rayons lumineux qui baignent la pièce. Elle retourne son rêve en tous sens : n'est-il pas facile à interpréter? Le Palais impérial, c'est l'Enfer, où il ne faut point rester. La Mère Zhang voulait partir avec Sun Boyuan, et même la licorne n'en pouvait plus, qui voulait s'envoler aussi... Mais partir avec le petit Sun Boyuan, n'est-ce pas vouloir... La pensée qui lui vient lui fait peur : « Tout cela à cause de mon imprudence, qui a fait tort à Mère Zhang... Si jamais il lui arrivait malheur, alors... »

Vers l'aube, Yuqin se rendort enfin. Dans son demi-sommeil, elle a l'impression qu'une voix lui dit : « Si elle veut aider Mère Zhang à échapper au malheur, la Dame précieuse doit effectuer face aux six fois six, trente-six coins, neuf fois neuf, quatre-vingt-une prosternations[1], sinon un grand malheur va arriver, un grand malheur! »

Le matin, une fois levée, Yuqin n'a plus sur l'« événement » que des impressions confuses. Elle n'est plus si sûre d'avoir entendu ces mots. Cette méthode pour « chasser le malheur », elle en a déjà entendu parler. Sa réapparition dans sa mémoire en ce moment participe-t-elle du rêve ou de l'hallucination? Est-ce une « menterie » qu'on lui a racontée dans son enfance, et qui remonte jusqu'à sa mémoire? Ou une pure création de son inconscient, travaillé par l'inquiétude qu'elle nourrit pour Mère Zhang? De toute façon, Yuqin est convaincue que la méthode peut réussir. Pour Mère Zhang, il faut absolument qu'elle obéisse aux « instructions » qu'elle a reçues!

---

1. Les « six coins » (et leurs multiples) : les « six orients », c'est-à-dire les points cardinaux plus « le haut » et « le bas », c'est-à-dire encore l'ensemble de la terre, dont toutes les issues seront ainsi protégées — le « neuf » est le chiffre symbolique de l'Empereur et de l'Empire (neuf dragons, neuf montagnes, neuf fleuves). C'est à l'Empereur que s'adresse, symboliquement, la supplication.

Après le petit déjeuner, Yuqin, qui souhaite de plus en plus voir Mère Zhang revenir auprès d'elle dans la chambre à coucher, est décidée à agir sans plus tarder. Elle interdit sa porte, s'agenouille sur le tapis, et frappe le sol de son front trois fois de suite face à chaque coin de la pièce, tout en marmonnant des « explications scéniques[1] » qu'elle improvise. Après quoi, elle se relève. Au moment où elle va ouvrir la porte pour gagner la salle de réception, elle entend des bruits de pas et de voix, à l'extérieur, qui lui parviennent par la fenêtre. Elle s'y précipite pour regarder ce qui se passe et ne peut s'empêcher de pousser un cri d'étonnement. Un cortège imposant traverse la cour d'ouest en est pour se diriger vers le sud, à l'angle du jardin, Yuqin se rappelle alors la date : le 15 ! Selon les règlements du Kantô-gun[2], l'Empereur doit tous les 1er et 15 du mois se rendre, à la tête d'un défilé officiel, au « Temple sacré de la Restauration de l'Empire » pour s'y recueillir devant son « nouvel Ancêtre[3] », « la grande Divinité qui éclaire le Ciel ». Laquelle, au mois de mai 1940, a été « invitée » à venir s'installer au Mandchoukouo !

Yuqin observe le cortège à la dérobée : un homme vêtu d'un costume bizarre, japonais sans l'être vraiment et coiffé d'un immense couvre-chef, ouvre la marche, portant une tablette en ivoire ; vient ensuite Puyi, en uniforme militaire, arborant toutes ses décorations ; et, derrière lui, courtaud et trapu, avançant de cette démarche très particulière que lui donnent ses petites jambes légèrement arquées, Yoshioka Yasunao. Les « cent fonctionnaires militaires et civils » les suivent.

Yuqin sait par expérience qu'après la cérémonie l'Empereur ne manquera pas de venir pleurer en cachette au palais Tongde pour soulager son chagrin d'avoir « changé d'an-

---

1. Pour expliquer ce qu'elle fait et ce qu'elle désire. Dans sa recherche naïve de l'efficacité, elle donne à sa démarche la forme la plus proche possible du cérémonial religieux qu'elle voit pratiquer au palais.

2. Cf. ci-dessus p. 22.

3. Les Japonais ont imposé à l'Empereur fantoche du Mandchoukouo leur religion des Ancêtres (shintoïsme), c'est-à-dire leurs propres ancêtres et leur Divinité.

cêtre » ! Il ne manquera sûrement pas non plus de demander à sa Dame précieuse de lui chanter quelques chansons ou d'exécuter des mouvements de gymnastique afin d'apaiser un peu sa tristesse ! A cette pensée, elle se sent encore plus impatiente. Comment agir pour le mieux ?

Yuqin ne tient plus en place, elle tourne en rond sur le tapis en se répétant sans cesse la même question : « Que dois-je faire ?... »

IX

Malheurs causés par des pommes

C'est la Fête du printemps.

On a accroché des lanternes rouges, suspendu les banderoles verticales avec leurs sentences symétriques en caractères des chanceliers[1]. Avec la neige qui tombe, tout cela rend le palais Tongde plus somptueux que jamais. On a suspendu plus de lanternes que d'habitude dans le palais, il a été illuminé *a giorno* de la tombée de la nuit jusqu'au matin ! Dans chaque pièce on a déposé des plateaux de pommes qui s'empilent en forme de pagodes, toutes décorées de caractères en velours qui composent la phrase : « que vos vœux soient exaucés », avec une ou deux fleurs de velours piquées ici et là. Des pommes, il y en a partout, pour offrir à tout le monde des vœux de « paix[2] »...

En ce premier jour de l'année, Yuqin aperçoit en ouvrant les yeux des pommes qui brillent, luisantes dans la lumière matinale. Les belles pommes ! On entend dans le lointain, de temps à autre, des explosions de pétards qui tout à coup lui rappellent son pauvre logis de Erdaohezi : et les chers visages des siens...

Parmi ces pétards, il y a peut-être ceux de sa petite sœur ? « Chaque année, elle priait Papa de lui en acheter, elle m'en avait même réclamé à moi, des spéciaux, à deux coups ! Quand il s'agissait de les allumer, elle demandait toujours à d'autres de le faire ; et elle restait à côté en se bouchant les

----

1. « Sentences symétriques » : devises qui se répondent et qu'on suspend de part et d'autre d'une porte. Elles sont calligraphiées en caractères de style ancien.

2. En chinois les caractères « ping » = la pomme et « ping » = la paix sont presque semblables et, de plus, homophones.

oreilles de ses deux mains. Cela suffisait déjà à la combler de joie! Que font-ils en ce moment, les miens? Peut-être, hier soir, ont-ils accueilli et salué les ancêtres, ils ont fait des raviolis et joué aux cartes, ils ont veillé jusqu'à l'aube, ils sont peut-être encore au lit? Peut-être que la petite dort profondément, avec ses vêtements neufs sous l'oreiller et l'argent des étrennes reçu la veille au soir encore serré dans ses doigts? Maman s'habille déjà, discrètement, pour sortir chercher les raviolis qu'on a mis dehors, au froid. Peut-être papa est-il déjà levé depuis longtemps? Il fume dans la pièce du levant, en songeant à sa Yuqin. Maintenant maman est assise sur le bord du *kang*, les yeux fixés sur le bol de raviolis du Jour de l'An qu'elle avait mis de côté pour sa fille. Elle pleure en cachette!... A cette pensée, la Dame précieuse a les yeux humides!

— Au bonheur de la Dame précieuse! Veuillez goûter la Paix! dit Mère Zhang, qui s'approche en souriant du lit, un plateau de pommes à la main.

Yuqin, qui s'est vivement dissimulée sous la couverture, ne se découvre et ne s'assied qu'après avoir essuyé ses yeux. Elle prend ensuite une pomme sur le plateau, en croque une petite bouchée et la repose à la même place.

C'est la coutume à la Cour, chaque premier jour de l'année, de mordre dans une pomme avant de se lever. A ce qu'on dit, cela permet de goûter « la paix » pendant toute l'année, de voir toute l'année ses désirs s'exaucer... Si Yuqin s'attardait au lit tout à l'heure, c'était justement pour respecter ce « programme »!

— J'ai l'impression que ces pommes sont plus grosses et plus sucrées que celles de chez moi! dit Yuqin en s'habillant.

— Eh bien, c'est vrai! dit Mère Zhang. C'est le grand Shunzi, ce brave garçon de l'intendance, qui vient de les apporter!

Le grand Shunzi? Yuqin se rappelle qui est le grand Shunzi. C'est ce solide gaillard qui lui livre ses repas et lui fournit de l'eau tout au long de l'année. Une tâche fatigante! Alors, sans réfléchir davantage, elle dit à la servante:

— Offrez-lui donc ces deux-là de ma part! C'est la Fête du printemps: qu'il ait lui aussi un peu de bonheur!

Et elle choisit deux pommes rouges, qu'elle met dans la main de Mère Zhang...

La Fête du printemps, chez les gens du peuple, c'est l'occasion de réunir toute la famille pour de joyeux échanges, et malgré la misère on a le cœur content ! Mais à la Cour, en dépit des somptueux repas de fête, on se sent très seul. Comme on s'ennuie ! Pour Yuqin, qui est loin des siens, Puyi reste l'unique réconfort. Au début de cette journée, comme il fait assez beau et qu'il y a encore des papillons autour des fleurs dans le jardin, elle rassemble tout son courage pour faire porter à l'Empereur une lettre d'invitation, avec l'espoir qu'il viendra partager sa solitude. Les deux premières années, il y a répondu, mais plus jamais par la suite. Les lettres de ce genre sont restées sans effet — elle sent bien que, peu à peu, il est devenu plus froid à son égard...

Pourtant, en cette journée où traditionnellement les proches se réunissent, comme elle souhaiterait passer un moment avec Puyi et puiser dans sa présence un peu de réconfort !

La journée s'écoule dans la solitude et dans une morne tristesse ! Mais, vers le début de la soirée, Mère Zhang surgit à l'improviste et annonce gaiement à Yuqin qu'un ordre est venu du pavillon Qixi : l'Empereur arrive d'un instant à l'autre ! A peine a-t-elle achevé sa phrase qu'elle s'en va déjà, pour regagner le pavillon de l'Empereur et le guider.

C'est une surprise extraordinaire et qui comble Yuqin de joie. Après le départ de Mère Zhang, elle court dans la pièce-ouest, puis au salon de toilette et, devant le grand miroir, elle se donne quelques coups de peigne, vérifie par un examen soigneux que ses vêtements sont en ordre, retire la fleur en velours de sa chevelure et la remet avec beaucoup d'attention... Après quoi elle regagne précipitamment sa chambre à coucher, range la poupée sous la cloche de verre, rectifie la place des deux vases en argent et de la paire de coqs en porcelaine qui trônent sur la table du côté nord, essuie avec son mouchoir les deux lions en porcelaine du coin sud-ouest et, quand elle estime que tout est fin prêt, prend place dans le petit fauteuil du côté nord et pose ses deux mains sur ses genoux...

« Quand l'Empereur sera arrivé, se dit Yuqin, il me dira sûrement que les holothuries et les langoustines décortiquées que j'ai préparées à son intention l'autre jour étaient excellentes. » En effet, l'Empereur se plaignant sans cesse de la cuisine impériale, la Dame précieuse a pris l'habitude de lui confectionner elle-même de bons petits plats, ce qui lui fait chaque fois plaisir. Il ne tarit pas d'éloges sur ses talents de cuisinière et il adore tout ce qu'elle fait, même l'omelette aux petits oignons... « Lorsque l'Empereur sera là, je lui demanderai de faire venir Madame Jian la Sixième, et quelques autres. Nous ferons une bonne partie de cartes... Mais oui ! et comme en plus c'est jour de fête, l'Empereur ne manquera pas de nous distribuer quelques cadeaux... »

Yuqin poursuit ainsi le fil de ses pensées lorsque Puyi pousse la porte et entre. Elle se lève à la hâte pour lui présenter ses salutations.

— Que tous les vœux de mon Empereur soient exaucés !

Mais, sans attendre que Yuqin se soit relevée, le voici qui crie, pâle de colère :

— Tu as fait du joli ! Tu sais quelle bêtise tu as encore commise ?

— Moi...

Le cœur de Yuqin s'éteint et se tord comme les charbons d'un brasero sur lequel on vient de jeter un seau d'eau froide.

Puyi est dressé devant elle :

— De quel droit as-tu offert deux pommes au grand Shunzi ?

— Moi... mais... C'est la Fête du printemps, j'ai pensé que... qu'il fallait lui offrir un peu de bonheur...

— Quel besoin as-tu de te mêler de son bonheur ? Je nourris ces gens, de quoi manquent-ils ? (Tandis qu'il parle, sa colère monte et sa voix devient de plus en plus brutale.) Dis-moi, qu'est-ce que tu mijotais en lui donnant ces pommes ?

— Je... je n'avais pas d'intention particulière... Je pensais seulement qu'ils ont la vie bien dure, et alors...

Elle se sent victime d'une grande injustice et se met à pleurer.

— A quoi bon éprouver de la pitié à son égard? Que signifie ton geste? Allons, dis-le-moi!

— Mais rien du tout...

Elle recule, apeurée.

— Tu deviens de plus en plus insupportable! Regarde ta dernière initiative: tu as entraîné les épouses des « étudiants » à aller taper à la porte de leur étude, provoquant tout un chahut de cris et de rires. Tu t'es bien amusée, n'est-ce pas, oubliant ton rang et ton titre. Est-ce comme cela que je t'ai éduquée? Et maintenant tu recommences? (Puyi a lancé le bras en avant comme pour la frapper, mais il le rabat aussitôt. Il regarde partout dans la pièce, comme un fou, attrape tout à coup un plumeau à manche de bambou posé sur le lit:) C'est moi qui suis coupable, je ne t'ai pas bien éduquée, s'il faut châtier quelqu'un, ce sera moi!

Il s'apprête à se frapper lui-même quand Yuqin bondit. Elle arrête sa main, lui enlève le plumeau et se met à genoux!

— Votre Majesté, battez Yuqin, frappez-la! Allez...

Et elle se met à sangloter...

Mais Puyi se laisse tomber d'un seul coup sur le canapé. Il dit sur un ton d'impuissance:

— Assez! Ne pleure pas! Plus tu pleures, plus ça me fait mal...

Déjà dix heures. Yuqin est assise sur le lit, stupide de chagrin, sa grande poupée étrangère dans les bras. Tout à coup, on vient lui apporter un rouleau. C'est un cadeau de l'Empereur pour la Dame précieuse. Elle rompt le sceau. Sur un fond jaune vif, lamé d'or, se déploient les caractères d'une sentence: « L'homme n'est ni sage ni saint, comment éviterait-il la faute? Mais qu'il veuille se corriger après l'avoir commise, n'est-ce pas une lumière d'espoir? »

— Une lumière d'espoir, une lumière d'espoir..., murmure Yuqin.

Les larmes qui débordent de ses yeux tombent goutte à goutte sur le joli visage de la poupée étrangère.

X

Enfin elle revoit ses parents

Le printemps arrive, un autre printemps, déjà!
Dans une petite buanderie, la Dame précieuse est en train
de jouer aux cartes avec une femme qui semble avoir dans les
soixante ans.

— La Dame précieuse vient tout juste de se rétablir. Elle
doit se ménager, dit gentiment la vieille dame en choisissant
une carte. Cette fois-ci, l'Empereur a été très inquiet lorsqu'il
a vu la Dame précieuse souffrante.

— C'est vrai, il était toujours à tourner autour de moi. (Le
visage de Yuqin rayonne de bonheur.) Il me recommandait
de bien me couvrir, de transpirer beaucoup, il me faisait
préparer mes plats favoris...

— L'Empereur vous aime profondément. (La vieille dame
au beau visage pur, plein de bonté et de sérénité, ramasse
toutes les cartes et déclare :) Dans vos rapports avec l'Empereur, vous devez agir selon son humeur!

Yuqin regarde la mère de lait de Puyi et comprend le
sous-entendu. A la cour, Nounou la Deuxième (les Mandchous appellent la mère de lait Nounou et, Dame Jiao étant la
deuxième mère de lait, on l'appelle Nounou la Deuxième[1])
est la seule personne à qui elle rend visite. Elle est aussi la
seule personne à qui Yuqin peut tout raconter. Elle se
souvient encore de sa troisième journée à la Cour, lorsque

---

1. Dame Jiao, la seule personne qui, d'après Puyi, avait pouvoir de
modérer ses cruautés. Elle lui fut enlevée comme il allait avoir neuf ans par
ses « mères », mais il la fit revenir près de lui aussitôt après son mariage.
Fille de réfugiés fuyant la disette et la guerre, vendue à un nommé Wang
(d'où son autre nom de « Nounou Wang »), elle avait été requise d'urgence pour nourrir Puyi et, pour lui, arrachée à son propre enfant, une
petite fille, qu'il lui fut interdit de revoir, même pour un adieu.

Puyi l'a conduite chez elle, et a présenté « Mademoiselle Li » à sa mère de lait chérie et respectée. Depuis lors, Mère la Deuxième a souvent enseigné à Yuqin les rites et les coutumes de la Cour, elle lui apporte de temps à autre du réconfort... Tout à l'heure, après s'être acquittée de la récitation des sutras, Yuqin, qui se sentait un peu abattue, est venue ici dans l'idée que Nounou la Deuxième la distrairait. Maintenant, elle sait qu'elle a quelque chose à lui dire et, s'arrêtant de jouer, elle répond à Dame Jiao :

— Oui, l'Empereur est l'Authentique Dragon, Fils du Ciel, et tout le monde doit lui obéir. Seulement, pour y parvenir, quelquefois c'est...

— La chère Dame précieuse ne sait pas qu'il y a des méthodes pour cela! (Nounou la Deuxième se met à rire.) Jadis, alors que nous habitions la Cité interdite, un jour, l'Empereur, pour faire une farce à un eunuque, a voulu mettre de la grenaille de fer dans un gâteau qu'il allait lui offrir. J'ai conseillé à l'Empereur de remplacer le fer par des petits pois. Ainsi le désir de l'Empereur n'était pas contrarié et l'eunuque ne risquait pas de se casser les dents!

— L'Empereur vous écoute, dit Yuqin. Il y a certaines choses pour lesquelles j'ai besoin de vos conseils...

— Comment oserais-je! proteste Nounou la Deuxième, mais elle entre tout droit dans le vif du sujet : Par exemple, la dernière fois, la Fête du printemps, pour cette histoire de pommes, pourquoi la Dame précieuse n'a-t-elle pas dit que donner des pommes aux serviteurs de l'Intendance, c'est offrir la paix au service pour que le service, en retour, donne la paix? Ce sont des propos de bonheur! En tournant les choses de cette manière, le Seigneur — qu'il vive dix mille années! — aurait été content, n'est-ce pas?...

— C'est vrai, vous avez une intelligence admirable!...

— C'est ainsi que j'ai parlé l'autre jour au Seigneur et il a été content... (Nounou la Deuxième se rapproche de Yuqin et chuchote :) La Dame précieuse a-t-elle envie de revoir ses parents?

— Mais les vingt et un articles me l'interdisent...

— Témoigner du respect à ses parents, n'est-ce pas, en

d'autres termes, faire preuve du même sentiment à l'égard de l'Empereur ? Les ministres les plus loyaux sont avant tout des fils respectueux, comment refuserait-on de voir cela ?

— Nounou !

Yuqin devine aussitôt que la vieille dame est assurément intervenue en sa faveur auprès de l'Empereur, et que déjà il a promis de faire venir ses parents à la Cour pour permettre une « rencontre des proches ». C'est pourquoi, oubliant les rites, elle se jette dans les bras de Dame Jiao qui, effrayée, essaie de se dégager tant bien que mal...

— Dame précieuse !

Alors que Yuqin s'abandonne ainsi à la plus grande joie, Mère Zhang arrive et annonce :

— Dame précieuse, veuillez retourner au palais : vous êtes attendue !

— Qui est-ce ? Qui est-ce ? (Les yeux de Yuqin brillent.)

— L'Empereur m'a défendu de le dire à la Dame précieuse, dit Mère Zhang, mais elle ne peut se retenir de rire, trahissant malgré elle la joie qu'elle s'efforce de cacher. L'Empereur a dit que, comme ça, la Dame précieuse serait encore plus contente...

— C'est maman, c'est sûrement maman !...

Et Yuqin se met à courir vers le palais Tongde.

De crainte que l'excès de sa joie ne lui fasse oublier son rang et ne la pousse à commettre à nouveau quelque sottise, Mère Zhang, affolée, court derrière elle en criant à mi-voix :

— Dame précieuse ! Dame précieuse !

Yuqin grimpe quatre à quatre les marches du perron et, passé la porte, oblique à droite. Au même instant, deux personnes se lèvent en hâte du canapé placé près du pilier. Dès qu'elle est assez près, elle les reconnaît — c'est d'eux qu'elle a rêvé jour et nuit : papa et maman !

Yuqin va s'incliner devant ses parents lorsque déjà, à sa grande surprise, son père, avec beaucoup de respect, s'apprête à la saluer de la même manière.

— Non, non, surtout pas de cérémonies devant moi ! s'écrie Yuqin en le retenant.

— Mais, il le faut, il faut rendre hommage à l'Empire.

Pour « Li le brave » qui, « toujours gentil avec tout le monde », n'a jamais, de toute sa vie, réfléchi au dessous des choses, il est naturel, comme d'obéir à une loi universelle, de s'incliner devant sa propre fille devenue la concubine de l'Empereur.

Quant à la mère, restée debout à côté, elle ne sait plus que faire, paralysée. Elle se demande encore s'il faut oui ou non s'incliner devant sa propre fille quand celle-ci l'attire à elle et la fait asseoir sur le canapé.

— Papa, maman, comment se fait-il que vous soyez devenus si maigres ? demande Yuqin en pleurant.

— Non, non, nous n'avons pas maigri du tout..., assure « Li le brave » tendu, en lorgnant du coin de l'œil les deux « accompagnatrices » qui les ont introduits, lui et sa femme.

— Ne pleure pas, dit la mère à sa fille, mais ses yeux sont brillants de larmes. Comme ta maman a pensé à toi...!

Des larmes, encore des larmes, rien que des larmes. Que peuvent-ils se raconter dans une telle circonstance ? Ce dont ils se souviennent, c'est qu'ils se sont inquiétés pour elle, tous, pendant les premiers jours qui ont suivi son entrée à la Cour. Aucun signe de vie, et on ne savait pas non plus où se renseigner. Le père avait enfin retrouvé le professeur Fujii, qui lui avait dit qu'elle ne savait rien non plus. Il voulait ensuite aller se renseigner auprès du général Yoshioka par l'intermédiaire de M. Kobayashi, directeur du lycée, mais on refusa de le recevoir... Maintenant, ils peuvent constater que leur fille est bel et bien vivante et que, de plus, elle loge dans un palais luxueux ! Il y a de quoi se réjouir !

Respectueux du règlement, « Li le brave », jugeant son « devoir » accompli une fois qu'il a revu sa fille, se lève sans plus tarder pour prendre congé...

— Yuqin... (La mère profite de l'absence des deux « accompagnatrices » qui sont allées reconduire le père et chuchote quelques mots à voix basse :) Ta maman croyait que les Japonais t'avaient déjà tuée ! Comment se passe ta vie au palais, es-tu contente ?

— Maman... (A cette question de sa mère, Yuqin sent les larmes jaillir de ses paupières.) Je suis contente, très contente...

Les deux accompagnatrices sont de retour. Elles vont s'asseoir à côté de la mère et de sa fille. Au bout d'un moment — peut-être croient-elles que cette rencontre, les larmes mises à part, n'est rien d'autre qu'un échange de propos banals sur la vie quotidienne —, leur intérêt se relâche. L'une des deux se permet même de jeter du coin de l'œil un regard de mépris sur cette vieille femme qui s'exprime dans le dialecte du Nord-Est ; elle ricane, bouche close, et se retire sans même prendre congé.

Mais Mère Zhang s'approche de Yuqin et lui dit à voix basse :

— Dame précieuse, l'Empereur vous attend au premier étage.

— Comment ? l'Empereur est en haut ? dit Yuqin avec étonnement.

— Oui, dans la salle de réception de la Dame précieuse, répond Mère Zhang.

Tout en montant l'escalier, Yuqin se pose des questions : « L'Empereur me dit tout le temps que j'ai le sens de la piété filiale. Il a fait venir papa et maman, c'est bien parce qu'il m'aime... Alors pourquoi me mande-t-il en cet instant ? Est-ce qu'il veut voir mes parents ? Ou même retenir maman à dîner ?... Oui, c'est ça, il veut sans doute discuter du menu avec moi... »

Elle pousse la porte de la salle de réception et aperçoit Puyi assis sur le fauteuil, le visage tendu. Yuqin s'acquitte sans tarder des salutations d'usage et reste debout, attendant ses ordres.

Un silence effrayant...

Il faut bien cinq ou six minutes pour que Puyi ouvre enfin la bouche et explose :

— Sais-tu où tu te trouves ?

Yuqin ne sait ce qu'il convient de répondre.

— Sais-tu qui tu es ? poursuit Puyi.

Elle se tait, elle a compris pourquoi l'Empereur est si furieux.

Puyi garde son visage d'acier :

— Faire venir tes parents, dit-il, était une bonne chose.

Moi aussi, je voulais les voir. C'est pourquoi je suis resté debout devant cette fenêtre... Et qu'est-ce que j'ai vu ? Une folle qui courait éperdument vers le palais Tongde ! Et sur ses talons Mère Zhang, qui appelait ! Qu'est-ce que c'est que ça ? Tu m'as fait perdre la face !

Yuqin tente de se disculper :

— Votre Majesté, quand j'ai été informée que maman était là, j'ai eu tellement hâte de...

— Est-ce une raison pour courir comme une folle ? (Il se lève brusquement.) Moi, je t'aime chèrement, je te permets de voir tes parents ; et toi, tu ne cesses pas de pleurer, comme si tu étais victime d'une énorme injustice... N'est-ce pas, là aussi, me faire perdre la face ?... Ça suffit, reste ici, j'ai déjà fait renvoyer ta mère !...

— « Votre Majesté... »

Yuqin essaie encore de s'expliquer, mais elle ne sait plus que dire. Ses lèvres tremblent et aussitôt les larmes coulent...

A partir de ce jour et pendant très longtemps, Yuqin trouve toujours quelque bonne raison pour descendre au rez-de-chaussée et s'asseoir à la place où sa mère était assise l'autre jour. Elle reste là, sans mot dire. De temps à autre, on dirait qu'elle écoute sa maman lui raconter quelque chose, et d'autres fois c'est elle qui lui parle...

XI

Les derniers jours
de l'Empire fantoche du Mandchoukouo

Le temps a coulé très vite. Du mois de mars 1943 au mois d'août 1945[1], plus de deux ans et demi ont passé comme un éclair! Et Li Yuqin a vécu un tournant important de sa vie: comme dans un rêve, la modeste lycéenne qu'elle était est devenue la Concubine du dernier Empereur de Chine; emportée par un tourbillon, la petite fille simple, pure et naïve est devenue un haut personnage que les autres doivent servir car il « accompagne le Dragon »! A son entrée à la Cour, elle se sentait mal à l'aise quand elle voyait tous ces gens multiplier devant elle les salutations. Elle supportait fort mal aussi que les servantes contrarient ses initiatives. Mais, au bout de deux ans, non seulement elle s'est habituée aux soins dont elle est l'objet, aux propos flatteurs qu'on lui adresse, mais, forte de son titre de Dame précieuse, elle se met en colère pour un oui ou pour un non, et ses caprices suscitent la terreur!

Or, voici que le typhon de la vie va la soulever à nouveau et la rouler dans une autre vague, encore plus puissante. En mai 1945, le fascisme allemand sort vaincu de la guerre. Les agresseurs japonais se trouvent dans une situation d'isolement et de panique qui va marquer l'armée japonaise stationnée dans le Nord-Est, et davantage encore Puyi, l'Empereur fantoche, un Puyi morose, au cœur accablé de soucis. Il cherche à sortir un peu de sa torpeur en écoutant Yuqin chanter pour lui, malgré les circonstances, mais il a toujours les yeux fermés, l'esprit sans repos. A cette époque, des nouvelles ou des communiqués diffusés à la radio annoncent régulièrement la capitulation imminente des Japonais. Mais

1. Sur le mois d'août 1945, voir le Tableau chronologique, p. 232.

Li Yuqin ne voit pas quel rapport cela peut avoir avec elle. Comme elle ne comprend guère « ces vents et nuages politiques », elle les prend pour des jeux d'enfant, et même il lui arrive d'en plaisanter. Par exemple, quand elle n'est pas contente de ses servantes, elle leur dit d'un air très sévère : « Pourquoi n'êtes-vous pas plus consciencieuse ? Vous allez voir s'il y a la défaite ! » A l'entendre, on croirait que, si les Japonais perdent la guerre, même les domestiques ne pourront échapper au malheur, tandis qu'elle, la Dame précieuse, sera épargnée. Cependant, la situation devient de plus en plus critique, les alertes de plus en plus nombreuses. Une fois, lors d'une alerte plus longue que les autres, tandis qu'on entend le ronronnement des avions de l'armée Rouge, elle fait comme si de rien n'était : elle continue à cueillir des kakis dans le jardin et les déguste sur place. Mais cette impassibilité qu'elle affiche — voulant paraître « tranquille comme si elle était assise sur le Mont Taï » — fait mourir de peur ceux qui sont chargés de l'accompagner, et s'évanouir ses servantes. Ainsi, à cette époque, alors que ses domestiques, au risque de leur vie, s'efforcent de préserver la sienne, elle leur reproche d'être des froussards, de se paniquer pour rien...

Cependant, le typhon qui s'annonce est irrésistible. Au fur et à mesure que l'armée japonaise du Kantô-gun approche de sa fin, la Dame précieuse aussi commence à ressentir la peur. Malgré « l'interdiction de se mêler de politique », qui figure dans « les vingt et un articles », celui-là même qui les a promulgués commence lui aussi à aborder les problèmes politiques et y entraîne Yuqin.

« Si les Japonais perdent la guerre, on nous coupera la tête ! » C'est ce que lui déclare Puyi chaque fois qu'il est hors de lui. Elle, dans ces occasions, ne peut s'empêcher de le haïr de toute son âme vu que ce « nous » qu'il a employé la comprend aussi.

Quelquefois, quand il sort de la salle aux prières, Puyi semble avoir retrouvé une certaine assurance, et il lui déclare avec entrain : « Voilà, les avions viennent de partir. J'avais à nouveau brûlé de l'encens, et accompli des prosternations pour que Bouddha nous protège ! » Mais elle, cela ne la tranquillise pas du tout ! Si même « l'authentique Dragon, Fils du Ciel », se laisse gagner par l'épouvante, comment un corps humain fait de chair et de sang comme le sien, et qui vit juste à son côté, pourrait-il ne pas être exposé au danger ?

Le 8 du mois d'août, le jour même où l'armée soviétique déclare la guerre à l'armée japonaise, deux bombes sont larguées aux alentours de la prison située en face du palais, produisant deux explosions assourdissantes à en ébranler le ciel. Puyi, terrifié, court d'un trait jusqu'au palais Tongde. Dès que la Dame précieuse est descendue, il la tire par la main, pour aller s'abriter avec elle dans la chambre souterraine.

Le 9 août, Puyi met dans sa poche un revolver et n'ose plus se déshabiller pour dormir. Impressionnée par cette atmosphère angoissante, Li Yuqin n'arrive plus à fermer l'œil...

Comme l'état-major de l'armée japonaise a donné l'ordre de se tenir prêts, le 11 au plus tard, à « transférer la capitale » à Tonghua afin d'y livrer une bataille décisive, il ne reste que deux jours pour se préparer. Deux jours interminables, longs comme toute une année. La tension nerveuse est à son comble et tout le monde s'affaire et s'agite !

Le 11, Yuqin fait ses ultimes préparatifs. Comme il s'agit de « fuir le danger » elle ne peut naturellement pas tout emporter avec elle. Aussi, après de nombreuses hésitations, se résigne-t-elle à remplir quatre malles de vêtements, une pour chaque saison, auxquels elle joint une vingtaine de bagues, de diamants et autres bijoux de grande valeur.

A la veille de la débâcle, c'est le règne du « chacun pour soi ». Eunuques, intendants, domestiques et cuisiniers quittent, nombreux, le Palais impérial. Ceux qui doivent accompagner Puyi dans la nouvelle « capitale » de l'Empire sont déjà partis une journée à l'avance, par le train. A cette heure, dans le pavillon Qixi, il n'y a plus que Wanrong, l'Impératrice, et deux eunuques ; dans les maisons sans étage, l'épouse de Pujian, la mère de Yuzhan et la mère de lait de Puyi ; au palais Tongde, Yuqin, Mère Zhang et trois ou quatre autres personnes — ils ne sont pas plus de dix dans un si grand palais : un silence pesant s'installe...

Yuqin regarde Puyi qui s'agite comme une fourmi dans une poêle brûlante. Il ne cesse de courir entre le pavillon Qixi et le palais Tongde ; tantôt il pose des questions absurdes, tantôt il reste planté devant la fenêtre à ruminer on ne sait quoi. En le voyant ainsi, Yuqin a le cœur serré. Malgré ses airs arrogants, sa certitude d'être sans égal dans le monde entier, la dureté dont il fait preuve chaque jour à son égard, Puyi est tout de même son mari, sans compter qu'il a des accès de générosité à son égard. Par exemple, à l'occasion de son investiture, il a fait installer des tables de banquets jusque dans la cour extérieure (même Tan Yuling n'avait pas eu cet honneur) ; une fois où il invitait Yoshioka, il lui a demandé à elle, la Dame précieuse, de l'accompagner (ce qui est strictement interdit si l'on s'en tient aux rites établis par les Ancêtres) ; quant aux « vingt et un articles », il n'a pas toujours été rigoureux dans leur application. Il savait qu'elle se languissait de ses parents, et il lui a fait une « grâce du Ciel » en leur donnant la permission de venir deux fois par an au palais pour une « réunion des proches ». Une fois même, à cette occasion, il a donné l'ordre de retenir sa mère pour un repas. Quand il était de bonne humeur, il lui prodiguait des serments de fidélité ; quand l'angoisse le tenaillait, il épanchait auprès d'elle les amertumes de son cœur. Parfois, il avait les larmes aux yeux quand on lui parlait de la misère du peuple. En somme, il n'était qu'un « pauvre dragon enchaîné », qui avait reçu du ciel ce destin ! Mais c'est surtout maintenant, quand elle le voit dans cet état, ses cheveux tout ébouriffés, alors qu'ils étaient d'ordinaire si bien coiffés, si soigneusement peignés et brillants, avec son visage, naguère éclatant, devenu si maigre et si pâle en quelques jours que sa compassion de femme se développe tout à coup en elle, spontanément, et qu'une sorte de sentiment du devoir la pousse à le réconforter dans son désespoir...

— Votre Majesté..., dit-elle doucement.

Puyi se détourne de la fenêtre et la regarde sans la voir. Elle rectifie un peu les plis de son costume, apaisante :

— Ne soyez pas si angoissé, Votre Majesté prend des repas végétariens, et pratique le bouddhisme, le Seigneur

Bouddha nous protège sûrement!... Votre Majesté était bonne pour le peuple, je ne pense pas qu'Elle coure un danger quelconque...

Puyi pose la main sur son épaule et lui dit après un long moment de silence :

— C'est vrai, c'est vrai... Néanmoins, je suis inquiet. Si jamais il arrivait quelque chose, nous n'aurions pas la moindre force pour résister...

— N'ayez pas peur, vous êtes l'Empereur, qui oserait vous faire du mal ? D'ailleurs, les crimes, ce sont les Japonais qui les ont commis...

Puyi secoue la tête avec un rire amer :

— Ce sont justement les Japonais qui sont à craindre ! Il se peut qu'ils nous suppriment pour nous faire taire une fois pour toutes...

— Dans ce cas...

Le cœur de Yuqin a reçu un grand choc. Les « connaissances » qu'elle possède ont leurs limites. Elle ne sait plus où puiser une quelconque parole de consolation...

Le soleil descend vers l'ouest. Les rayons du couchant pénètrent dans la pièce, altérant le rose des plinthes et des tapis ; le vent du crépuscule soulève les rideaux des fenêtres, où s'engouffre le bruissement des feuilles qui monte du jardin-est, mêlé au chant funèbre du clairon venu de plus loin, à l'extérieur du palais. L'atmosphère est d'une tristesse jusque-là inconnue...

— Yuqin ! Depuis que tu es venue vivre à la Cour avec moi, tu n'as guère été heureuse, et voilà que maintenant...

Puyi la regarde tendrement, les yeux gros de larmes.

Yuqin non plus ne voit plus clair, elle secoue la tête en signe de dénégation :

— Ne dis pas ça, ne dis pas ça !

— La milice japonaise ! la milice japonaise !

On ne sait qui, transgressant les règlements en vigueur à la Cour, s'est mis à crier. Puyi se précipite à la fenêtre pour voir ce qui se passe. C'est vrai. Deux gendarmes japonais, le fusil à la main, se dirigent vers le pavillon Tongde ! L'Empereur se sent mal, son corps fléchit, des étincelles dansent devant ses yeux — il sait que son pressentiment est en train de devenir une réalité! « Cette fois, c'est fini! » pense-t-il.

Yuqin est accourue en hâte pour le soutenir, mais elle a, elle aussi, les jambes qui tremblent:

— Votre Majesté, allons nous cacher, ne les laissons pas...

— Non, impossible! (Sur son front coule une sueur froide.) Sont-ils déjà entrés?

— Je vais voir, cachez-vous d'abord...

— Non, pas toi! (Puyi la retient, il retrouve son aplomb.) Il vaut mieux que ce soit moi!...

Yuqin lui prend la main, la serre, le supplie:

— Votre Majesté!

Puyi répond à son étreinte:

— Yuqin!

Ils se regardent sans rien dire, et il lui dit dans un sanglot:

— Peut-être ne pourrons-nous plus nous revoir que dans l'Au-delà... Que Bouddha te protège!...

Brusquement, il s'arrache à elle et s'élance à grands pas vers l'escalier.

Immobile en haut des marches, il écoute. Dans le palais vide et silencieux, on entend crisser des bottes, cela s'approche de plus en plus. Enfin, un bruit de pas dans l'escalier...

Yuqin est restée debout dans le couloir, son cœur lui cogne dans la gorge... Mais le martèlement des bottes s'arrête net!

D'en bas monte la voix d'un Japonais:

— Votre Majesté!

Puyi est toujours là, debout, silencieux; son regard surveille fixement la montée.

— Votre Majesté... Vous avez vu? Il y a deux voyous qui se sont enfuis par ici.

C'est à nouveau la même voix, celle d'un homme qui parle le chinois avec peine.

Puyi ne bouge toujours pas, ne répond toujours rien.

— Votre Majesté, désolés de vous avoir dérangée...

Suit un échange de paroles inaudibles, auxquelles répond la voix de l'autre Japonais:

— Oké[1]!

---

1. « D'accord! »

Les pas des deux soldats s'éloignent...

— C'était un prétexte, dit Puyi, ils voulaient savoir si je m'étais enfui, pour ensuite passer à l'acte...

Soutenu par Yuqin, il regagne sa chambre à coucher et dit, haletant :

— Ça ne peut pas durer, je vais donner un coup de téléphone pour m'informer de la situation à l'extérieur...

Il se relève, tourne de toutes ses forces la manivelle de l'appareil, et appelle à maintes reprises Yoshioka. Au bout du fil, pas de réponse. Il téléphone ensuite à la compagnie qui est de garde autour du palais. Silence...

Puyi repose le récepteur d'un air découragé. La peur le rend livide :

— C'est sûrement que les Japonais se sont tous enfuis, ils nous ont laissés tomber ! Yuqin, viens avec moi au pavillon Qixi, Wanrong est encore là-bas. S'il faut mourir, allons mourir tous ensemble !...

Au pavillon Qixi, il est à peine assis sur son fauteuil qu'il ordonne à haute voix.

— Faites servir le repas impérial !

Personne ne répond. Il hausse le ton.

— Le repas impérial ! le repas i-m-p-é-r-i-a-l !

— Votre Majesté ! dit vivement Yuqin, élevant la voix pour couvrir la sienne, il n'y a plus personne dans la Salle des délicatesses.

— Oh !... (Il paraît comprendre enfin la situation, et il murmure accablé :) Ils sont tous partis, absolument tous... Je suppose que nous pouvons tout de même prendre un dernier repas ensemble !

Il faudrait en effet qu'il mange quelque chose... Yuqin vient seulement de s'apercevoir qu'ils n'ont rien avalé depuis plus d'une journée. D'un petit seau de métal, elle sort quelques morceaux de biscuits d'importation, des sortes de tuiles de couleur café, qu'elle tend à Puyi.

Il les refuse d'un signe de la main.

Sans échanger un mot, ils restent assis là. Par mesure de protection contre les bombardements, tout le palais est plongé dans le noir. Dans les rares pièces où les lampes sont allumées, ou a occulté les fenêtres avec des rideaux noirs. Le vent qui souffle au-dehors, un rat qui trotte dans le couloir, le cri d'un corbeau dans le jardin-ouest, tout provoque l'épouvante de Puyi. Une bague qu'elle porte au doigt, tel ou tel meuble de la pièce, un soupir de Puyi, tout évoque pour Yuquin son séjour de deux ans et demi à la Cour...

Dans la tête de Puyi repassent en désordre, comme des séquences de film, les étapes de sa vie, telle qu'elle s'est déroulée jusqu'à ce jour. Deux fois déjà il a été chassé de son trône d'Empereur. Vu qu'il était alors trop jeune, et que ce n'était pas lui qui avait pris en personne « l'affaire en main » — si l'on peut dire! —, il n'en a pas été trop frappé, mais cette fois-ci ce n'est plus la même chose. Pour être Empereur, pour restaurer l'Œuvre de la famille Aisin Gioro, combien d'humiliations et de misères il a dû subir! Il n'a pas oublié ces jours où, chassé de la Cité interdite[1], il s'est réfugié dans l'Ambassade du Japon. Combien de fois il est allé à bicyclette, en pleine nuit, jusqu'au bord des douves, aux limites de la Cité interdite, admirer, le cœur brisé de chagrin, la masse imposante de ses tours d'angle et de ses murs d'enceinte. Il ne peut oublier non plus ces dernières années où, quoique redevenu Empereur, il n'en demeure pas moins une marionnette entre les mains des Japonais. Il rêvait du jour où il pourrait regagner la Cité interdite et enfin régner normalement comme un véritable Empereur. A ce moment-là, seulement, il pourrait faire honneur à ses ancêtres et mourir sans aucun regret!... Mais voilà qu'aujourd'hui tout s'est brisé... Dès ce soir, peut-être, il va revoir ses ancêtres...

Les pensées de Li Yuqin suivent un autre cours : « Quand on se marie avec un coq, on reste avec le coq toute sa vie ; quand on se marie avec un chien, on reste avec le chien. » Tel a été le principe que lui ont inculqué ses parents. En ce moment, où « le dragon enchaîné » subit un nouveau « malheur », elle doit, naturellement, vivre ou mourir avec lui,

---

1. Le 5 novembre 1924. Après trois jours passés à la « Résidence du Nord », il se fait conduire en secret à l'hôpital allemand et, de là, à l'Ambassade du Japon, sise tout à côté. Puyi y restera trois mois puis, méditant de quitter la Chine, il décide d'aller s'établir à Tianjin (Tientsin).

partager ses épreuves!... D'ailleurs, c'est la volonté du ciel qui les a réunis. Dans l'avenir ils devront, à l'évidence, continuer à lui obéir...

La voix désolée des clairons, portée par les rafales de vent, pénètre de temps en temps dans le palais... Puyi et Li Yuqin restent assis, pensifs tous les deux, jusqu'à neuf heures passées. Alors seulement ils retrouvent un peu de vie: Yoshioka est arrivé.

A minuit et demi, Tashimoto Toranosuko, le maître du Temple « Pour la Restauration du Pays », portant dans ses bras les objets sacrés symbolisant « la grande Divinité qui éclaire le Ciel », prend place dans une petite voiture. Derrière elle, d'autres emmènent Puyi et ses deux épouses, l'Impératrice et la Concubine. Ils quittent discrètement le palais impérial...

Adieu, palais sacré aux splendeurs inouïes!

Adieu, ce passé qui n'a été qu'un rêve!

Li Yuqin s'est retournée pour regarder par la vitre arrière. Au sud-est, il semble qu'un incendie élève des flammes tourbillonnantes dans le ciel au-dessus du palais Tongde. Cela signifierait-il par hasard que le grand Esprit qui illumine le Ciel est ramené vers l'Ouest[1]?

Les voitures filent dans l'obscurité. Quelle peut bien être la route de l'avenir?

---

1. Ils s'éloignent vers le nord-ouest, en emportant les objets du culte nippon du soleil. Les lieux qu'ils laissent semblent embrasés par un incendie. Puyi fait la même remarque dans ses Mémoires. Leur esprit superstitieux est effleuré par l'idée que c'est une manifestation de la colère divine.

XII

Exil et séparation

Le train a été spécialement aménagé : rideaux jaune clair aux fenêtres, marches d'accès à chaque wagon gardées par des soldats japonais, l'arme au poing et porteurs d'un brassard avec la mention : « police militaire ». Après avoir traversé le Jilin et le Meihekou, en deux jours et trois nuits, on arrive finalement à la vallée des Grands Marronniers, dans le district de Linjiang, près de Tonghua[1].

Le « Palais d'étape » est installé dans la maison du Directeur de l'Office d'administration houillère : sept à huit pièces à la japonaise. Li Yuqin loge dans l'une d'elles, du côté gauche, tout de suite après l'entrée ; Puyi et Wanrong occupent chacun une des deux pièces du fond. Il commence à peine à faire jour et Li Yuqin a déjà terminé toutes ses prières bouddhistes qu'elle a apprises par cœur à la Cour. Elle n'a pas de « poisson de bois[2] » pour les accompagner, mais cela ne l'empêche pas de s'agenouiller à terre, successivement devant chacun des murs, et de procéder à des salutations répétées...

Dans le vestibule, les bruits de pas se font de plus en plus fréquents. Yuqin, les paumes jointes, marmonne encore une dernière prière devant le mur-ouest, touche la terre du front trois fois de suite, se relève et va s'asseoir.

« Aujourd'hui, c'est le 17 août (1945), voilà déjà quatre

---

1. Tonghua, au sud de Changchun, à la frontière du Mandchoukouo et de la Corée, face au Japon. Il avait été prévu d'abord de passer par Moukden, mais au dernier moment l'armée japonaise a opté pour la ligne Jilin Meihekou, moins exposée aux bombes (d'après les Mémoires de Puyi).

2. Une sorte de grelot de bois avec lequel les fidèles rythment leurs psalmodies.

jours que nous sommes ici, se dit-elle. Bien sûr, les conditions de vie sont sans commune mesure avec celles que nous avions à la Cour, mais c'est tout de même mieux que le train, on y est plus tranquille! En deux jours et trois nuits de voyage, on n'a pris que deux repas, et sans baguettes... Maintenant, ce sont plutôt les souffrances morales et la tension psychique qui sont pénibles. Dix fois plus dures à supporter que la faim... »

Yuqin se remémore les récents événements, tous néfastes : le 15 août, l'Empereur du Japon a annoncé à la radio sa capitulation inconditionnelle. Lorsque Puyi a entendu que les Etats-Unis « se portaient garants de la sécurité et de la dignité de l'Empereur du Japon », il s'est agenouillé sur-le-champ, et s'est écrié : « Merci au Ciel qui a protégé la sécurité de sa Majesté le Tenno! » Après quoi il a frappé la terre de son front à maintes reprises. Le même jour, Puyi a lu, d'une voix tremblante, à ses ministres et chargés d'affaires affolés son « Rescrit d'abdication ». Une fois l'acte lu, il s'est donné à lui-même deux gifles, frappant durement ses propres joues. Le 16 août, on a entendu dire que l'Empereur et la famille impériale allaient partir pour le Japon ; Yoshioka a d'ailleurs ajouté qu'une fois là-bas la sécurité de l'Empereur ne pourrait être vraiment assurée...

Chaque nouvelle qui arrive alourdit le cœur de Yuqin, tout lui fait pressentir un danger imminent. « Voici une autre journée qui commence, se dit-elle, que peut-il encore arriver? » Agitée par ces pensées, elle ne peut plus rester assise à ne rien faire, elle pousse la porte et se dirige vers la cour.

— Dame précieuse! (C'est Jingxi, la servante qui ne la quitte pas d'une semelle. Elle l'appelle doucement en s'approchant d'elle :) L'Empereur attend la Dame précieuse.

Yuqin se retourne :

— L'Empereur? Où est-il?

— Dans l'appartement de Sa Majesté.

Quand la Dame précieuse pousse la porte de la chambre, Puyi se lève, écarte sa chaise.

— Yuqin...

— Votre Majesté...

Yuqin le regarde, saisie ; elle a grand-peur d'entendre encore une mauvaise nouvelle !

— Je pars en avion dans un instant pour le Japon !

— Qui d'autre encore ? demande Yuqin.

Elle apprend que, outre Pujie, le frère de l'Empereur, le mari de sa cinquième sœur Wan Jiaxi et celui de sa troisième sœur Runqi, seront aussi du voyage, ainsi que des « étudiants » de la Cour, tels Yu'ai, Yudang et autres neveux, le serviteur Li Guoxiong et le médecin Huang Zizheng. Mais son nom à elle n'est toujours pas prononcé. Elle ne peut plus attendre :

— Mais alors... et Yuqin ?

— Toi, tu partiras par le train, avec l'Impératrice et Mademoiselle la Deuxième.

— Pourquoi ne partons-nous pas ensemble ?

— Il n'y a que deux avions et pas assez de places pour tout le monde. (Puyi, manifestement, bout d'impatience.) N'aie pas peur, nous nous reverrons dans quelques jours !

Yuqin pleure.

— Est-ce que le train arrivera à destination ? Et si ce n'était pas le cas... Yuqin n'a personne sur qui compter...

— J'ai tout réglé ! dit Puyi qui regarde par la fenêtre comme si une affaire urgente l'attendait. Pour l'Extérieur, il y aura Pujian et Yan Tongjiang, pour l'Intérieur Mademoiselle la Deuxième et l'épouse de Pujian. Ils peuvent prendre soin de toi...

Yuqin a le sentiment d'être au bord d'un abîme sans fond, le grand arbre sur lequel elle s'appuyait face au gouffre vient d'être déraciné et s'envole, emporté par l'ouragan... Elle se met à sangloter...

— Ça suffit ! Ça suffit ! (Puyi ne tient plus en place. De toute évidence, il est résolu à ne plus l'écouter.) Allez, calme-toi, on se reverra dans quelques jours seulement ! Ça suffit, j'ai encore des questions à régler...

Yuqin a un pressentiment : « Cette fois-ci, pense-t-elle, on ne se reverra pas de sitôt ! Alors, pour garder un souvenir de lui, elle s'empare de son peigne, de son tube de gomina et de sa serviette de toilette, puis, les portant solennellement dans ses mains, elle se retire à reculons, les larmes aux yeux et le regard fixé sur l'Empereur...

Ce jour-là, Yuqin en oublie presque de manger : agenouillée dans sa chambre, elle récite prière sur prière, demandant au Ciel de protéger l'Empereur. Le suppliant de lui accorder, à elle, la faveur de le rejoindre le plus tôt possible... A huit heures et demie du soir, sous sa fenêtre, se rassemblent tout à coup un groupe de Japonais et des personnes de la Cour. Yuqin aussitôt éteint la lumière et se penche pour mieux voir, attendant, le cœur battant, ce qui va se passer. Après un moment, Puyi arrive à grands pas, l'air faussement calme. Japonais et Chinois, tout le monde se prosterne devant lui...

— Nous partons dans un instant pour le Japon, auprès de Sa Majesté le Tenno. (A la lueur d'une mauvaise lampe, Puyi, anxieux, donne ses dernières « instructions » aux siens :) Je n'oublierai, de ma vie, l'immense faveur dont Leurs Majestés l'Empereur et l'Impératrice du Ciel ont honoré l'Empire du Mandchoukouo. Le Japon et la Mandchourie marcheront côte à côte avec une seule volonté et un seul cœur. Le roc se brisera, la mer se desséchera avant qu'une telle union prenne fin !... Mais moi, Puyi, je n'ai pu répondre à l'immensité de cette grâce, j'ai déçu l'espoir du peuple de mes Ancêtres, celui de Mandchourie...

Alors on entend claquer la gifle que Puyi s'inflige à lui-même... Ceux qui l'entendent en sont bouleversés, les larmes brillent dans les yeux...

Les « Instructions » ont pris fin. A présent règne un calme de mort. Yuqin est toujours là, debout à la fenêtre, scrutant la nuit d'un noir de laque...

Jingxi est venue jeter une veste sur ses épaules.

— Dame précieuse, l'Empereur doit être maintenant dans l'avion...

Alors seulement, comme si la mémoire lui revenait, Yuqin se saisit du peigne, du tube et de la serviette de Puyi. Les yeux fermés, elle se met à prier silencieusement...

Le vent du soir souffle par rafales, la pluie tambourine sur les volets.

XIII

Les sanglots de l'Impératrice Wanrong

Yuqin attend qu'on vienne la chercher. Peu lui importe le moyen de transport, pourvu qu'elle rejoigne au plus tôt l'Empereur... Pour cela, elle mange tous les jours de la nourriture végétarienne et elle prie tous les jours le Bouddha. Cependant le temps passe et non seulement personne ne vient la chercher, mais la situation se détériore de plus en plus.

Le surlendemain du départ de Puyi, la garde du « Palais d'étape » s'est dispersée, ce qui ne présage rien de bon. Les montagnards de la région, fort hostiles aux Japonais et à la famille impériale, risquent de passer à l'attaque à tout moment. A défaut d'autres solutions, l'Intendant de la Cour est obligé de payer grassement quelques petits gradés du Guomindang ramassés au hasard pour qu'ils assurent jour et nuit, l'arme à la main, la sécurité des résidents. Un beau matin, de nombreux montagnards se rassemblent dans un grand vacarme autour du « Palais d'étape », jetant tout le monde dans l'angoisse. Contraint par la situation, l'Intendant ne peut plus respecter les distinctions de titres et les rangs hiérarchiques : il installe la Dame précieuse et l'Impératrice dans le « bâtiment de la famille Ding », derrière le « Palais », où désormais elles cohabitent avec les habitants de cette maison, ainsi qu'avec les fonctionnaires de la Cour intérieure.

La chambre de Yuqin est séparée de la pièce voisine par une cloison de bois. Les salles communiquent par une porte coulissante. Le jour de son installation, pendant qu'elle faisait la cuisine (il y a dans la pièce tous les ustensiles nécessaires), elle a entendu, venant d'à côté, des bribes de phrases: « ... Rongyuan[1], vieux salaud, c'est toi qui m'as jetée dans cette fosse... qui as détruit toute ma vie en me condamnant à moisir en prison et à subir cette peine infamante... » Après quoi Yuqin a entendu un grand tintamarre d'objets qu'on brise.

Surprise, Yuqin a interrogé Jingxi, qui était à son côté:
— Qui est-ce?

La servante — elle a vingt-quatre ou vingt-cinq ans — désigne du coin de l'œil la pièce voisine et répond à voix basse:
— C'est l'Impératrice. Elle est logée là...
— L'Impératrice?

Yuqin, stupéfaite, s'est interrompue dans sa tâche. Depuis son entrée à la Cour, en 1943, elle a souvent entendu parler de Wanrong. Selon ceux qui avaient eu l'occasion de la rencontrer dans la Cité interdite, la jeune Impératrice, issue d'une grande et noble famille, avait les yeux en amande, une peau de jade, des cheveux noirs vaporeux et brillants comme des nuages, une taille droite et délicate, bref, elle était ravissante. On disait encore que la grande renommée dont elle jouissait parmi la noblesse mandchoue n'était pas seulement le fait de cette extraordinaire beauté; elle avait aussi de la classe, des manières distinguées, un parler noble et une grande culture: la lyre, le jeu de go, la calligraphie n'avaient pas de secret pour elle. Pour toutes ces raisons, Yuqin avait cherché des occasions de la rencontrer, surtout quand elle se sentait trop seule. Mais Puyi ne l'avait pas permis. « Wanrong est trop capricieuse, avait-il dit, elle a un caractère violent, elle prend plaisir à tout casser. » Et il avait ajouté: « En outre elle est malade, elle fume de l'opium toute la journée. A quoi bon aller la voir?... » De plus, les eunuques chargés de s'occuper d'elle ne la laissaient pas faire un pas hors de sa chambre, tels de véritables geôliers. Aussi, non seulement la Dame précieuse n'a jamais pu voir l'Impératrice à la Cour, mais elle ne l'a pas aperçue non plus pendant le

_____

1. Rongyuan — le père de Wanrong, beau-père de Puyi. C'est lui qui, par ambition personnelle, avait manœuvré pour marier sa fille à Puyi. Voir la suite du chapitre.

voyage ; on les avait installées dans deux wagons différents. Maintenant que cette beauté mystérieuse se trouve tout près, Yuqin a eu la tentation d'aller la voir. Mais elle s'est rappelé les propos de l'Empereur. Elle n'a pas oublié non plus les « vingt et un articles », si bien qu'elle a renoncé à son idée...

« Quelle amère destinée que la mienne... amère... » Les sanglots de Wanrong, sa voix pleine de souffrance, pleine de tristesse désespérée, parviennent de nouveau à Yuqin qui, saisie soudain d'une ardente compassion, ne peut s'empêcher de sortir de sa chambre. Par hasard, l'eunuque Wang sort justement de chez l'Impératrice. En voyant Yuqin, il la salue d'un air impassible et s'apprête à s'éloigner aussitôt, mais Yuqin le retient.

— Qu'est-ce qui ne va pas chez l'Impératrice ? lui demande-t-elle.

— Ma Maîtresse est atteinte d'une grave maladie, elle est toujours comme ça. Et puis elle n'est pas habituée à cette cuisine grossière, faite pour tout le monde...

— Pourquoi l'Impératrice... Ce Rongyuan dont elle parle... Qui est Rongyuan ?

— C'est le père de Ma Maîtresse l'Impératrice, dit l'eunuque. Elle hait son père, parce que, pour devenir le beau-père de l'Empereur, il a détruit sa vie de femme, il l'a condamnée à mener une vie de veuve[1]...

A son retour dans sa chambre, le cœur de Yuqin bat follement : « Une jeune fille d'une grande famille... elle a passé toutes ces années en relégation... De plus elle est malade, et déprimée aussi... N'avons-nous pas toutes les deux une destinée misérable ? Mais la sienne est vraiment trop pitoyable ! » Alors Yuqin se concerte avec Jingxi, et décide de préparer « un bon petit plat » pour l'Impératrice.

---

1. Outre le fait que l'Empereur était à peu près impuissant malgré le recours à force médecines, il avait toujours préféré Wenxiu, la seconde épouse impériale qu'on lui avait donnée en même temps que Wanrong. Cette dernière n'avait jamais pu supporter le partage des faveurs impériales et surtout des honneurs avec une femme dont la beauté n'avait pas l'éclat de la sienne.

Quand elle a fini, elle s'agenouille devant le peigne, le tube et la serviette de toilette de Puyi et se prosterne plusieurs fois. Ensuite, les mains jointes, elle marmonne : « Votre Majesté ! j'ai cuisiné quelque chose pour l'Impératrice, violant ainsi les "vingt et un articles", je le reconnais, mais c'est vous qui m'avez enseigné à prier le Seigneur Bouddha, et n'est-ce pas Lui qui recommande qu'on ait de la compassion pour les grandes souffrances, qu'on aide ceux qui sont dans le malheur et dans la peine ? L'Impératrice est dans ce cas, nous devons agir selon les enseignements de Bouddha ! Votre Majesté, sûrement, pardonnera à Yuqin... » Puis elle récite une fois la litanie d'Amida Bouddha[1]...

Liu, le petit eunuque, porte un bol de raviolis bien chauds dans la pièce voisine. Yuqin plaque son oreille contre la porte coulissante et écoute...

— C'est bon, c'est très bon..., dit la voix de l'Impératrice.

— Si vous trouvez que c'est bon, on en fera encore..., assure le petit eunuque.

— Qui les a préparés ? demande l'Impératrice.

— C'est la Dame précieuse...

— C'est bon, c'est très bon...

Yuqin se sent tout heureuse, mais au même instant parviennent le fracas du bol contre terre et, tout aussitôt, les sanglots de Wanrong...

Après le dîner, Yuqin rencontre dans la cour Wang et le petit Liu. L'eunuque Wang lui dit :

— Tout à l'heure, elle a encore brisé de la vaisselle, sa manie l'a reprise... La Dame précieuse n'est pas au courant. Ma Maîtresse a toujours eu un tempérament emporté, et maintenant que son esprit est malade, ce serait étonnant qu'elle ne fasse pas de la casse ! Autrefois, quand elle était en bonne santé, l'argent filait entre ses doigts comme de l'eau : tous les jours un vêtement nouveau, qu'elle ne portait pas... Une fois, elle a acheté à un revendeur, pour plus de dix mille *yuan*[2], un chapeau qu'elle a jeté ensuite dans un coin. Je ne

---

1. Un appel à la « miséricorde infinie » de Bouddha.
2. Plusieurs centaines de fois le montant d'un salaire mensuel moyen.

l'ai pas vue une seule fois le porter... Jadis, dans la Cité interdite à Pékin, elle nous ordonnait souvent de la promener en pousse-pousse à travers la cour, c'était son plaisir de nous faire trotter, de nous voir épuisés à en perdre le souffle. Chaque fois qu'on lui faisait des raviolis, elle y trouvait à redire : si la pâte était au point, c'était la farce qui n'était pas satisfaisante. Les cuisiniers devaient s'y reprendre à deux ou trois fois !... Mais maintenant, maintenant...

Le petit eunuque Liu, debout à côté, n'est pas content — cela se lit sur son visage. Il ne peut finalement s'empêcher de dire son mot :

— Pourquoi ressasser toutes ces vieilles histoires ? Lorsque notre Maîtresse va bien, elle traite les gens avec beaucoup de gentillesse.

— Bon, je ne dis plus rien. (L'eunuque Wang se hâte d'atténuer ses médisances.) C'est vrai, notre Maîtresse est particulièrement gentille avec le petit Liu !

A partir de ce jour, Yuqin cuisine de temps en temps un bon petit plat et le fait porter à l'Impératrice. Et, une fois, elle l'entend qui interroge le petit Liu :

— Qui parle dans la pièce voisine ?

— C'est la Dame précieuse, répond-il. C'est elle qui vous prépare des raviolis...

— La Dame précieuse du Bonheur ? dit l'Impératrice. (A en juger par sa voix, elle ne va pas mal, la Dame précieuse du Bonheur.) Aide-moi à aller la voir, la Dame précieuse du Bonheur...

— Ma Maîtresse. (C'est la voix de l'eunuque.) Vous ne devez pas vous fatiguer...

— Aide-moi à aller la voir...

En un rien de temps, la porte coulissante est large ouverte. Yuqin se précipite au-devant de la visiteuse et exécute les salutations d'usage. Après avoir dit « Que Votre Majesté soit heureuse ! » elle reste debout, les yeux fixés sur l'Impératrice... et n'ose en croire ses yeux : un visage couleur de cendre, un regard éteint, des cheveux longs de deux pouces qui se hérissent, tout raides autour de la tête, un corps sec comme un échalas, engoncé dans une chemise de nuit froissée et sale...

— Très bien, très bien..., dit l'Impératrice qui sourit à la Dame précieuse en découvrant ses dents noircies par l'opium.

Elles se regardent ainsi quelques minutes puis Yuqin voit l'Impératrice chanceler et perdre l'équilibre. Les eunuques sont obligés de la ramener en hâte dans sa chambre...

La nuit venue, la Dame précieuse se tourne et se retourne dans son lit sans pouvoir trouver le sommeil. A peine ferme-t-elle l'œil qu'elle revoit aussitôt l'image de l'Impératrice et son corps sec comme un échalas... Elle éprouve pour elle une grande pitié, elle en veut à Puyi, mais surtout elle songe à son propre avenir...

« Que le Bouddha nous protège, qu'un avion revienne tout de suite nous prendre! » A minuit, lorsqu'elle entend à nouveau les sanglots de Wanrong, elle s'assied sur son lit et se remet à réciter des prières. Ce faisant elle pense en elle-même: « Pitié, pitié pour l'Impératrice... Qu'un avion vienne vite nous prendre! »

Le lendemain, un avion est là. On dit même qu'il vient de l'endroit où se trouve l'Empereur! Yuqin, le cœur plein d'allégresse, envoie tout de suite quelqu'un aux nouvelles... En fait l'avion arrive d'URSS... et il apporte une lettre de Puyi[1]!

Yuqin reçoit la missive des mains d'un officier. Lorsqu'elle l'a décachetée et en a déchiffré le message, sa déception est terrible: l'Empereur réclame auprès de lui huit autres personnes pour l'assister, il ordonne à son serviteur Huo Futai de se rendre immédiatement à Changchun, au temple Prajua, pour y faire brûler le corps de Tan Yuling — qui y est conservé depuis déjà plus de trois ans! — et de remettre ensuite les cendres à sa famille à Pékin. C'est tout: la lettre ne mentionne rien d'autre. Puyi ne parle pas de l'Impératrice bien entendu, mais pas davantage de la Dame précieuse.

Yuqin revient en trébuchant dans sa chambre. Plus elle

1. L'Empereur et ses compagnons ont été arrêtés à Moukden, dans la salle de transit de l'aérogare, par des soldats des divisions soviétiques qui sont en train de libérer le Nord-Est de l'occupation japonaise.

réfléchit, plus elle est affligée, et plus elle est affligée, plus elle réfléchit. Elle s'effondre sur le bord du lit, en larmes...

De la pièce voisine, les sanglots et les injures de Wanrong lui parviennent :

— Rongyuan, c'est toi qui m'as poussée dans la fosse ! Puyi, c'est toi le plus cruel...

XIV

Ceux qui souffrent du même mal s'entraident

La neige ne cesse de tomber à gros flocons depuis plusieurs jours. Tout comme le temps, le cœur de chacun dans la petite Cour impériale, a changé : il devient de plus en plus glacé. Les conditions s'aggravant, ceux qui pouvaient trouver ailleurs un refuge sont partis l'un après l'autre. Seuls les proches parents de Puyi et les « fidèles au grand cœur », ceux qui n'acceptent pas de se croiser les bras devant l'adversité, s'entêtent à rester. Du « détachement » de plus d'une centaine de personnes qui était arrivé ici pour faire « étape », il n'en reste guère qu'une cinquantaine ! Afin de garantir leur sécurité et de leur donner les moyens de retourner à Changchun, l'Intendant Yumin, aidé de Yan Tongjiang et d'autres, a payé à prix fort des soldats recrutés sur place. Ils emmèneront tout le monde en camions jusqu'à la gare. Les rescapés arrivent finalement à Linjiang.

Là, on les loge dans deux maisons à la coréenne. Li Yuqin est installée dans celle du devant, tout à fait à l'est, séparée de Wanrong par la chambre allouée au médecin impérial Xu Enyun — un médecin traditionnel — et sa femme.

Ils sont là depuis trois jours. Comme la nourriture laisse de plus en plus à désirer, Wanrong, à cause de son état de santé, ne mange presque plus rien. Yuqin voudrait bien lui préparer quelque chose de spécial, mais le logis n'est pas équipé pour cela, comme l'était le précédent, ce qui la contrarie beaucoup.

Allongée sur son lit, elle pense aux quelques rares contacts qu'elle a eus avec l'Impératrice depuis leur première rencontre, dans la vallée des Marronniers. Bien que Wanrong ne lui ait pas fait jusque-là de confidences, il semble à Yuqin qu'elle comprend sa souffrance et l'indignation qui déborde de son cœur. A en juger par le regard plein de sympathie que Wanrong a posé sur elle, les quelques fois où elle a demandé à l'eunuque de pousser leur porte mitoyenne pour venir la voir, à en juger d'après ces sanglots de profonde douleur auxquels l'Impératrice s'est laissé aller à ces moments-là, enfin surtout depuis qu'elle va mieux, Yuqin a l'impression qu'il y a maintenant des liens entre elles deux. Depuis, de la vallée des Marronniers à Linjiang, son sentiment que leur cœur bat au même rythme s'est encore renforcé.

Alors qu'on les emmenait à la gare dans une vieille voiture délabrée, l'Impératrice, affaiblie, n'avait pas hésité à s'appuyer avec confiance sur l'épaule de Yuqin, laquelle l'avait enlacée étroitement en lui disant : « Nous avons passé plus de cent jours dans la vallée des Marronniers, eh bien, dans cent jours nous serons sorties de cette infortune ! » Et Wanrong, relevant le visage, lui avait souri d'un air confiant, comme si cette parole l'avait réconfortée.

A leur descente du train, installées à côté du chauffeur dans le camion qui les conduisait à Linjiang, Yuqin avait continué à serrer Wanrong dans ses bras. Celle-ci, sans dire un mot, avait posé discrètement ses mains sur celles de Yuqin, et Yuqin avait senti un courant de chaleur parcourir toutes les fibres de son corps...

Quand Yuqin était venue la voir dans sa chambre, une fois l'installation terminée, Wanrong, fatiguée par le voyage, était déjà couchée mais, lorsqu'elle vit Yuqin arriver, elle la salua joyeusement de la main et lui fit signe de s'asseoir au bord du lit. Yuqin, impressionnée par le titre d'Impératrice que portait Wanrong, avait hésité, alors l'eunuque était intervenu : « Voici la Dame précieuse aimée de notre Maître ! Eh bien, Dame précieuse, asseyez-vous donc ! » Yuqin assise, Wanrong lui tendit sa tabatière avec un franc sourire, l'invitant ainsi à se rouler une cigarette... Bien qu'elle ne fumât jamais, Yuqin avait senti par ce geste que plus rien désormais ne séparait son cœur de celui de Wanrong...

En repensant à tout cela, Yuqin ne peut rester au lit. Elle se lève et pousse la porte de la maison.

— Du poulet rôti ! Du poulet qui sort du four !

C'est le cri d'un vendeur ambulant, qui justement se rapproche.

« Peut-être ouvrirait-il l'appétit de l'Impératrice, ce poulet! » se dit joyeusement Yuqin. Elle se tourne vers une suivante, Mère Xu:

— Vite, va acheter un poulet!

Peu de temps après, Mère Xu revient avec une volaille bien chaude et luisante à souhait. A cette vue l'aîné des enfants de la Deuxième Madame Yan s'immobilise, il ne quitte pas le poulet des yeux et ravale constamment sa salive... Yuqin, sans prendre le temps de réfléchir, arrache une cuisse de poulet et la tend au gamin avant de confier le reste à Mère Xu...

Une fois de retour dans sa chambre, Yuqin songe à la satisfaction que doit éprouver l'Impératrice. Et elle s'assied sur le lit en attendant la confirmation que Mère Xu ne va pas manquer de lui apporter. Elle l'entend déjà s'extasier: « L'Impératrice a fait bonne chère! » Il lui semble aussi percevoir les exclamations des eunuques, qui vont pousser joyeusement sa porte en la félicitant: « La Dame précieuse pense à tout, grâce à ce poulet qu'elle a fait porter, notre Maîtresse l'Impératrice aura bien mangé ce soir... »

Yuqin attend.

Et tout à coup, dans le couloir, un grand charivari:

— Ça alors! un poulet auquel on a retiré une cuisse! C'est de toute évidence se moquer de notre Maîtresse!

C'est la voix de l'eunuque Wang.

— Pour qui prend-elle ma Maîtresse l'Impératrice? Quel outrage!

C'est la voix de Petit Liu.

Là-dessus, un brouhaha de voix nombreuses, des voix qui critiquent avec colère et indignation, des voix sonores ou chuchotantes, de grosses et de petites voix.

— Qui s'imagine-t-elle être? L'Impératrice reste l'Impératrice...

— Oser se moquer de notre Maîtresse? Elle ne s'est pas regardée!

Ce résultat inattendu de son geste a plongé un poignard

dans le cœur de Yuqin! Elle se sent victime d'une injustice, elle éprouve de la honte, elle voudrait se précipiter dehors pour s'expliquer, mais elle a peur en même temps de provoquer d'autres conséquences encore plus pénibles. Mieux vaut répondre par le silence et s'enfermer dans sa chambre, mais comment supporter toutes ces invectives?

Au moment où elle hésite ainsi, ne sachant que faire, le vacarme dans le vestibule s'arrête net. Suivent des propos, tenus à voix basse. Un instant passe, la porte de la chambre de Yuqin s'ouvre doucement — l'Impératrice, s'appuyant au mur, entre péniblement...

Elle ne dit rien, mais de sa main elle fait un signe à Yuqin, tandis que longuement, tendrement elle la regarde.

Yuqin comprend parfaitement ce que Wanrong est en train de lui dire. Elle fond en larmes...

XV

La confiscation des biens

Une nouvelle totalement inattendue provoque une grande agitation dans la minuscule « Cour impériale » : la Huitième Armée de route, après avoir libéré Linjiang, a décidé de reconduire tout le monde à Changchun !

Tels ceux qui, naufragés dans une île inconnue, ont aperçu le bateau qui leur apporte le salut, tels ceux qui, perdus dans un désert, ont aperçu de loin une oasis, tels ceux qui, errant dans un lointain pays, entendent tout à coup une voix familière, tous ici se laissent aller à leur allégresse. Les propos et les rires joyeux fusent dans toutes les pièces...

Yuqin prépare en hâte ses bagages. Elle pense à ces derniers jours. Quelle peur, lorsque les gens ont entendu les coups de fusil ! « La Huitième Armée est là ! Les longs nez arrivent[1] ! » Chez les gens de « la Cour », les commentaires allaient bon train. Certains rapportaient que « les longs nez » violaient les femmes. Alors ces dames, prises de terreur, de se barbouiller le visage à qui mieux mieux avec du noir de marmite. Semblable au « Juge Bao[2] », Yuqin elle-même avait gardé une figure maculée de suie plusieurs jours de suite ; elle ne se lavait plus, ne se déshabillait plus pour dormir... En repensant à ces extravagances de femmes affolées, Yuqin hoche la tête en souriant...

---

1. Les tirs signalaient l'arrivée des combattants communistes (la Huitième Armée de route), qui sont en train de libérer la région avant les Soviétiques, ou l'arrivée de ces divisions soviétiques elles-mêmes. — Les Chinois appellent « longs nez » tous les Occidentaux.

2. Bao Zhang (999-1062), un magistrat dont la perspicacité et l'intégrité, passées à la légende, sont devenues le sujet de nombreux romans et opéras. Sur scène, le Juge intègre porte un masque noir, ce qui annonce d'emblée son courage et son honnêteté.

« La Huitième Armée de route est arrivée, et comme ses soldats sont gentils avec les gens ! » Yuqin revoit leurs visages avenants, le regard amical des « officiers ». Quand elle pense que demain ils l'emmèneront loin d'ici, elle est remplie de gratitude : « Ces soldats de la Huitième sont vraiment bien sympathiques ! »

Elle plie des vêtements dans ses valises. Soudain, un petit étui glisse de la poche d'une veste. Yuqin l'ouvre, c'est sa bague d'émeraude ! En la regardant elle se sent comme réchauffée. C'est Puyi qui la lui a remise en personne dans le palais Tongde la veille du jour où il l'a élevée au rang de « Dame précieuse du Bonheur »... Depuis, elle l'a souvent portée à son doigt, et dès qu'elle la voit elle songe à lui ! « Je vais la conserver précieusement, se dit-elle. Un jour, quand l'Empereur sera de retour, il sera certainement très heureux de la revoir. » Et, dans cette perspective, elle l'enveloppe soigneusement dans du papier.

Dans un coin de la valise il y a une paire de jumelles. C'est son objet favori. Quand elle était à la Cour, chaque fois qu'elle se sentait esseulée et abattue, elle grimpait sur la montagne artificielle du jardin et regardait au loin, dans la direction de la maison de ses parents, espérant même qu'elle pourrait les apercevoir... Quand elle sentait le vertige, la peur du vide s'emparer d'elle, qu'elle ne voyait plus rien sur quoi s'appuyer, elle prenait les jumelles et observait les nuages s'il faisait jour, le clair de lune si c'était la nuit. Comme elle avait rêvé sur ces « animaux » de toutes sortes qu'on distingue dans les nues après la pluie ! Que de plaisir et de réconfort lui avaient apportés « les pavillons et les terrasses d'Immortels » qu'on découvre dans le ciel nébuleux de l'automne... « Je garderai toujours ces jumelles avec moi », se dit Yuqin, et elle les remet dans la valise...

Le lendemain matin, tout le monde a déjeuné de très bonne heure. Toutes les valises sont bouclées et l'on attend impatiemment l'événement.

Vers sept heures arrivent enfin des soldats de la Huitième Armée de route, un cortège d'hommes et de femmes habillés de kaki. Tout le monde se précipite joyeusement dehors ; certains ont déjà leurs valises à la main...

— Ne bougez pas, s'il vous plaît! dit l'un des combattants, qui semble « faire fonction d'officier[1] ». Nous nous réunirons d'abord ici, les femmes dans cette chambre et les hommes dans cette autre... et il désigne de la main deux pièces.

Les dames de la « Cour » se sont rassemblées dans la chambre où sont logés la mère de lait de Puyi et son fils[2]. Personne ne souffle mot, personne ne pense à s'asseoir. Les yeux écarquillés, tout le monde regarde avec perplexité une « soldate de la Huitième Route », ses cheveux courts et son ceinturon.

— Nous sommes la Huitième Armée de route, dirigée par le Parti communiste! (La femme-officier, adoptant l'allure superbe et dégagée d'un héros, a pris la parole.) Savez-vous ce que font le Parti communiste et la Huitième Armée de route?

Silence. Les regards se croisent mais personne n'ouvre la bouche. Elle répète sa question:

— Qui, parmi vous, sait ce que font le Parti communiste et la Huitième Armée de route?

— Le Parti communiste et la Huitième Armée de route, c'est... (A la surprise générale, Mademoiselle la Deuxième, d'ordinaire si respectueuse des rites, des règlements et de la hiérarchie, n'a pu supporter ce silence et elle répond « courageusement » :) J'ai entendu dire que le Parti communiste, c'est la mise en commun des épouses...

La femme-officier éclate de rire! Tout le monde intérieurement admire Mademoiselle la Deuxième. Ce n'est pas sans raison que l'Empereur l'appréciait. Elle est vraiment capable d'audace dans les moments critiques

— C'est un mensonge forgé de toutes pièces par le Guomindang! dit la femme-officier, qui a cessé de rire. (Elle reprend, d'une voix forte, avec de grands gestes des bras :) Le Parti communiste et la Huitième Armée de route luttent pour les travailleurs opprimés, pour libérer le peuple travailleur!...

---

1. Il n'y a pas de signes extérieurs qui distinguent les officiers des simples soldats.
2. Il s'agit d'un fils adoptif (cf. ci-dessus p. 75).

Ce sont là des propos nouveaux pour Yuqin : « Comment fait-on, se dit-elle, pour "libérer le peuple travailleur" ? Et moi, est-ce que je fais partie du "peuple travailleur" ?... »

La femme-officier continue avec une vive émotion :

— Puyi est un traître, il a vendu le pays, il s'est jeté dans les bras des diables japonais, c'est un exploiteur...

Les mains de Yuqin se sont mises à trembler : « Puyi est un traître, il a vendu le pays... Moi qui suis la Dame précieuse de l'Empereur, ne suis-je pas la femme du traître ? Comme Puyi n'est pas là, n'est-ce pas à moi qu'on s'en prendra ?... »

Hiro[1], la femme de Pujie, peut-être parce qu'elle est japonaise, est devenue livide en entendant les propos de la femme-officier et elle essaie de se cacher derrière les autres...

Les rescapées de la « Cour » sont très tendues, on dirait « des canards à l'écoute du tonnerre », elles retournent en elles-mêmes une question lancinante : « Ils ont dit qu'ils venaient nous chercher : pourquoi ne part-on pas ? »

La femme-officier aborde encore de nombreuses questions concernant la « libération », l'« exploitation » et, pour finir, comme on achève de tresser le fond d'un panier, elle ramasse son propos en un point :

— En conclusion, les biens que Puyi possédait sont le résultat de l'exploitation qu'il a exercée, ils sont le sang et la sueur du peuple, il faut les confisquer ! De même vos biens à vous, qui tous vous viennent de Puyi, sont la sueur et le sang du peuple, il faut donc aussi les confisquer !... Commençons tout de suite !

La surprise est grande, tout le monde en reste bouche bée. Selon les instructions reçues, les bagages sont rassemblés d'un côté et leurs propriétaires de l'autre. Elles attendront dans la pièce de la sixième femme de Jian d'être appelées à tour de rôle pour la fouille, qui a lieu dans la pièce de Li Yuqin.

La femme-officier sortie, Mademoiselle la Troisième demande tout bas à sa sœur aînée :

1. Le frère de Puyi, Pujie, qui était passé totalement sous la coupe des Japonais, avait épousé en 1937 Saga Hiro à Tokyo. D'après les dispositions prises par les Japonais, Pujie, ou le fils de Pujie s'il en avait un, devenait officiellement héritier du trône si Puyi n'avait pas d'enfant mâle.

— Deuxième! Deuxième! mon bracelet en or, faut-il le donner aussi? C'est un souvenir de maman. Sinon, où puis-je le cacher?

C'est une jeune fille très jolie; elle parle d'ordinaire d'une voix calme qui respire la bonté et la douceur, mais les circonstances lui ont tout à coup fait perdre sa distinction.

Quant à sa sœur, que tout le monde a toujours considérée comme une habile tacticienne et un esprit plein de ressources, elle ne sait quoi lui répondre. Comme les autres, elle ignore sur quel pied danser.

La fouille est terminée; « la sueur et le sang du peuple », chargés dans un des camions, sont partis. Sur la « Cour impériale » règne un silence de mort.

Yuqin est restée debout dans sa chambre vide, à regarder ce qu'on lui a laissé: une valise, sans rien dedans, et une couverture. Elle ne bouge pas. Même sa tête est vide. Elle ne pense à rien, elle n'a pas envie de faire quoi que ce soit... Elle allume une cigarette (elle a commencé à fumer tout récemment) et, toujours debout, elle en aspire de grosses bouffées, goulûment.

Un bruit de sanglots lui parvient du couloir. Elle sort machinalement. La femme du médecin Xu, appuyée contre le chambranle de la porte, pleure désespérément et se frotte les yeux en marmonnant, avec son rude accent du Hunan:

— Tout ça, c'est ma faute! Quand on est parties de la Nouvelle Capitale, ma belle-fille ne voulait pas que je prenne ces parures de tête avec moi, de peur que je ne les perde. Mais moi je me suis obstinée et je les ai toutes emportées!...

Yuqin s'avance dans le couloir. La Sixième femme de Jian, assise sur son lit, sanglote elle aussi:

— Je n'ai plus rien du tout, comment vais-je vivre après cela?

Quelques pas plus loin, les sanglots d'un homme lui parviennent, intermittents, de la pièce de derrière...

Comme tirée de sa torpeur, elle retourne en courant vers la chambre de l'Impératrice.

Là, plusieurs eunuques et une vieille servante sont assis, très abattus, le visage marqué d'une expression amère. Wanrong, les yeux éteints, tire sur sa cigarette sans discontinuer.

— Que vous a-t-on laissé? demande Yuqin au bout d'un long moment.

L'eunuque Wang commence à pleurnicher sans retenue:

— Deux couvertures de lit et un matelas, c'est tout...

Ainsi chacun, bouleversé par l'émotion, laisse échapper ses plaintes et son désespoir, sauf Wanrong...

Yuqin aussi sent tout à coup monter les larmes. Elle se mord les lèvres et se hâte de quitter cette pièce pour courir dans la sienne...

— Votre Majesté! — Yuqin a pris dans ses mains la serviette et le peigne de Puyi — Votre Majesté, est-il bien vrai que tu nous abandonnes ainsi? Comment vais-je me débrouiller, moi, Yuqin?

Ses larmes jaillissent, tel le flot puissant libéré par la vanne et qui s'échappe enfin sans aucune contrainte...

L'après-midi, Yuqin est toujours assise à pleurer dans sa chambre. Elle découvre tout à coup dans son pantalon un objet rigide. Un éclair traverse sa pensée: quand ils étaient dans la vallée des Marronniers, l'« intendant » Yan Tongjian lui a remis dix mille *yuan*, qu'elle a cousus dans son pantalon. Qui aurait pu penser que cette somme serait un jour une pareille aubaine!

Les mains tremblantes d'émotion, elle extrait les billets avec le plus grand soin. Après quoi elle médite sur la meilleure répartition possible de cet argent...

« Il faut donner cinq mille à l'Impératrice! décide-t-elle. Mettre trois mille à la disposition de Yan Tongjian pour les dépenses publiques, et je réserve deux mille pour mon propre usage... »

Alors Yuqin essuie ses yeux, se donne quelques coups de peigne et sort d'un pas rapide.

XVI

Dans la caserne de Tonghua

Les montagnes et les collines ont disparu sous la neige. Un grand rouleau compresseur progresse lentement, laissant derrière lui de profondes ornières. Un troupeau de cerfs s'éloigne, effrayé, pour se réfugier dans l'épaisseur impénétrable d'une forêt primitive. Le véhicule a un toit mais il est ouvert sur les côtés. Li Yuqin y est assise, enveloppée dans une couverture. A côté d'elle, sa servante, Jingxi, revêtue d'un vieux manteau et coiffée d'une casquette ouatée; on ne voit que ses yeux. Derrière est installé un « membre du palais », Wu Chaoxian et le neveu de Puyi, Yumin, qui a fourré ses mains dans ses manches et s'est recroquevillé comme une boule. Assis tout autour d'eux, des combattants de la Huitième Armée en uniforme ocre, le fusil en bandoulière. Un autre soldat, armé d'un pistolet, très jeune et très beau, suit le véhicule en courant et, quand les roues se bloquent, il se précipite pour les dégager à l'aide d'une pelle...

Tous ont des guirlandes de givre suspendues aux sourcils et au rebord des casquettes. La neige a recommencé à tomber en voiles vaporeux que la bise soulève en sifflant.

Le quinzième jour du douzième mois de cette année 1945, selon le calendrier lunaire, la Huitième Armée de route fait ramener à Tonghua Li Yuqin et quatre autres personnes, dont la servante Jingxi. Comme il n'y a pas de train, on a été obligé de recourir à ce moyen de transport. Les voyageurs progressent par à-coups — on avance, on s'arrête, on attend, on repart — et au bout d'une journée et demie ils arrivent enfin à destination. Au terme d'un si long trajet, par une température de moins 30°, Li Yuqin souffre de gelures aux mains et au visage.

Au Quartier général de la Huitième Armée, les dirigeants ont accueilli Yuqin chaleureusement, ils lui ont même offert au moment où elle s'en allait une cartouche de cigarettes de bonne qualité! Jingxi et elle sont logées au premier étage du bâtiment qui abrite le Quartier général. Chaque jour, elles descendent prendre leurs repas dans une grande cantine, au rez-de-chaussée. On salue Yuqin, on lui adresse des regards amicaux... A force de les côtoyer, elle a fait connaissance de bon nombre de jeunes femmes de la Huitième Armée — officiers ou soldats — qui lui apprennent à jouer au poker ou aux échecs « sauteurs[1] » et à frapper sur ce tambour qui s'accroche à la taille... La monitrice Yang, surtout, s'occupe d'elle avec une sollicitude de grande sœur...

— Yuqin!

Dans la grande salle de jeu, quelques « soldats de la Huitième », hommes et femmes, viennent de terminer une séance de tambour. Yuqin y a participé.

— Yuqin, dit la monitrice, tu es très intelligente, tu apprends très vite! (Et, s'adressant au jeune soldat qui est à son côté — c'est justement celui qui, au cours du dernier voyage, courait derrière le rouleau compresseur:) N'est-ce pas, secrétaire Zhou?

— Ah oui ! vraiment très vite, répond-il.

— Ce n'est pas que je sois si intelligente, c'est parce que j'ai envie d'apprendre, tout simplement, dit Yuqin en riant.

— Tout le monde affirme que tu as beaucoup de grâce et de vivacité dans tes mouvements. Avec cela, tu as une très bonne voix. Nous espérons sincèrement que tu feras partie de notre groupe culturel! dit la monitrice.

Elle a détaché son tambour et l'a remis dans son étui.

Petit Zhou est tellement content de l'idée qu'il applaudit:

— C'est formidable! Si tu veux participer à notre groupe culturel, nous te souhaitons de tout cœur la bienvenue!

— Le groupe culturel? dit Yuqin, surprise, mais je...

— Tu es la Dame précieuse, c'est à cela que tu penses? Et puis, il y a les vingt et un articles, n'est-ce pas?

---

1. « Tiao qi » : une sorte de jeu, apparenté à notre jeu de dames, qui consiste aussi à s'emparer des pions de l'adversaire en « sautant » par-dessus, mais le plateau de l'échiquier représente une étoile à six branches.

La monitrice politique l'a prise par la main et fait asseoir à côté d'elle.

— Chez vous autres, entre soldats et officiers, il n'y a pas d'étiquette... Tous sont égaux, la sympathie et l'amitié règnent, c'est tout à fait un autre monde... Mais moi, je suis mariée à Puyi, c'est mon destin...

La monitrice Yang a éclaté de rire.

— Ton destin? Ma pauvre petite! Tout cela n'est que mensonges diaboliques fabriqués par la classe des exploiteurs pour tromper les gens... Ce soir, je t'invite à venir avec moi à une cérémonie de mariage, d'accord?

— Une cérémonie de mariage?

— Oui, entre le chef de section et une veuve de la région...

Le soir, la même salle de jeu est bondée de soldats et d'officiers qui l'emplissent d'une joyeuse clameur. Un « Huitième Armée » en ceinturon et en bandes molletières, une femme coiffée avec une frange et habillée d'une veste ouatée à fleurs s'inclinent devant le portrait du Président Mao, souriants mais graves...

Le chef du protocole, un homme de grande taille, crie à pleine gorge avec son accent du Shandong:

— Les hommages au Président Mao sont terminés! Maintenant, les futurs époux se saluent!

La mariée et le marié s'inclinent l'un devant l'autre en riant.

— Ce n'est pas conforme au règlement! proteste avec sévérité le maître des cérémonies. Ça ne va pas comme ça, il faut être sérieux!

Et tout le monde de rire aux éclats.

Mais il continue à les réprimander.

— La mariée et le marié doivent s'acquitter de ces révérences avec le sentiment d'un amour réciproque, d'une fidélité à toute épreuve! « Puisse la mer se dessécher et le roc se briser plutôt que cette fidélité s'altérer... » Recommençons! — Cette fois, il faut être corrects, autrement on n'en finira pas! Bon, attention vous deux! Première révérence!

Les mariés s'inclinent l'un devant l'autre.

Nouveau commandement du chef du protocole.

— Deuxième révérence!

Les mariés s'inclinent une seconde fois...

La monitrice Yang a posé sa main sur l'épaule de Yuqin, toutes deux rient, comme tout le monde, mais la monitrice a les larmes aux yeux...

Le secrétaire, Petit Zhou, rit, lui aussi, de tout son cœur.

Le chef du protocole les fait taire d'un signe de la main et annonce à haute voix :

— Suite du programme! Les nouveaux mariés nous racontent comment ils se sont aimés! (Applaudissements chaleureux.) Allez-y, et en détail! Qui commence?

— Le chef de section Sun d'abord! a lancé quelqu'un.

— Oui, le chef de section d'abord, Zhao Yazhen se prépare...

— Bon! dit le chef du protocole. Conformément à la revendication des masses, nous prions le chef de section Sun de parler le premier!

Et il donne lui-même le signal des acclamations...

Le marié entame son récit :

— Notre expérience n'a, en fait, rien de particulier... (C'est un homme du Sud, qui parle avec un fort accent.) Quand j'étais enfant dans mon pays natal, mon père a été poussé à la mort par des créanciers riches! Ma mère m'a dit alors: « C'est le destin! » Quand j'ai été pris de force pour être soldat, ma mère est venue me voir dans le temple où j'étais enfermé et m'a dit: « Endure ton sort, va, endure-le quelques années et reviens. C'était ton destin de subir ce malheur, maman t'attendra... » Mais, quand je me suis retrouvé soldat dans l'armée du Guomindang, je n'ai pu le supporter et je me suis enfui, trois fois. Les trois fois on m'a repris, et battu au point de me laisser à moitié mort... La dernière fois, ils voulaient me fusiller! Je me suis dit: « Cela suffit! Il ne faut pas attendre qu'ils me tuent! » Et j'ai filé en douce pour me cacher au plus profond de la montagne...

Quelqu'un lui coupe la parole :

— On t'a demandé de raconter l'histoire de tes amours! Tu es à côté du sujet!

— Ça fait aussi partie de notre histoire, rétorque Sun. (Et désignant d'un geste la mariée il ajoute :) Si je n'avais pas pu me sauver et m'enrôler dans la Huitième Armée de route, je serais mort depuis longtemps ! Alors, comment la rencontrer une fois mort ? Comment me marier avec elle ?

Les rires fusent encore un coup.

Li Yuqin regarde les nouveaux époux d'un regard d'envie. Elle se dit : « Quel couple heureux ils font ! Si le chef de section avait accepté tout bêtement son destin, il n'aurait certainement pas connu ce jour ! »

Nouvelle rafale de rires et d'applaudissements : la mariée s'est levée timidement, elle a avancé d'un pas et, les deux mains cachant son visage, après un long moment elle commence à parler avec un fort accent du Nord-Est :

— Notre histoire, vieux Sun[1] vous l'a déjà racontée ! Pour moi, voilà : mon mari était mort, ma belle-mère ne voulait pas me laisser prendre un autre chemin ! Mais je n'ai pas craint les coups et les injures, je suis tout de même sortie de la maison pour aller au cours d'alphabétisation, et c'est là que j'ai fait la connaissance de vieux Sun ! Il m'a aidée à élever mon niveau de conscience, je l'ai trouvé très gentil, et... c'est comme ça, après des visites de part et d'autre, que nous avons eu tous les deux un sentiment dans le cœur...

Une fois de plus les rires éclatent.

Li Yuqin s'est retirée de la foule, en proie à des sentiments complexes, la monitrice Yang l'a suivie et elles montent à l'étage supérieur...

La nuit suivante, Jingxi dort d'un sommeil profond. A côté d'elle, Yuqin ne cesse de fumer, et les mégots s'accumulent au pied de son lit...

Elle repense à cette scène joyeuse du mariage, à cette « histoire d'amour » racontée par le chef de section et sa jeune épouse, à sa propre enfance, aux rêves qu'elle nourrissait lors de son entrée à la Cour impériale, à ce jour où elle a brûlé devant l'autel de Bouddha « les vingt et un articles », à sa souffrance lorsque Puyi se mettait en colère, et qu'elle

---

1. « Vieux », terme d'amitié et de respect employé à l'égard d'une personne qui, sans être vraiment âgée, a dépassé la prime jeunesse.

tombait à genoux devant lui. En même temps elle revit les adieux de l'Empereur à la vallée des Grands Marronniers, la déception que lui a apportée la lettre écrite de la main de Puyi...

« Le chef de section Sun et cette femme, Zhao Yazhen, ont eu une vie bien difficile, se dit Yuqin, mais ils n'ont pas cru à ces balivernes sur le destin, c'est pourquoi ils ont finalement trouvé le bonheur... Et moi ?... L'Empereur est mon aîné de vingt-deux ans et, de plus, il y a quelque chose qui cloche en lui, physiquement. Rester avec lui toute la vie, ce serait toute la vie être veuve! Moi, je n'ai que dix-sept ans et de nombreux jours devant moi... »

A ce moment, l'image d'un jeune soldat aux beaux traits réguliers — celui qui courait derrière le rouleau compresseur — réapparaît devant ses yeux.

Ce secrétaire, Petit Zhou, est plein d'entrain, ouvert, honnête et compétent. De plus, il a une bonne écriture, il est très apprécié de tous dans les services d'administration de la troupe. Or, depuis quelque temps, il se montre plein de sollicitude à son égard... Récemment, alors qu'elle était malade et n'était pas descendue prendre son repas depuis plusieurs jours, il lui a apporté de la cantine un bouillon aux nouilles et aux œufs pochés. Il n'a même pas voulu entrer... Depuis qu'elle est rétablie, s'il arrive qu'ils se rencontrent, il la regarde avec des yeux... pleins de sentiment, lui demande à voix basse : « Ça va mieux...? » et ses joues deviennent rouges, rouges!

« Pourquoi n'aurais-je pas une vie douce et heureuse comme celle du chef de section Sun et sa femme ? » s'interroge Yuqin. Mais, à cette pensée, la voilà prise d'une sueur froide. « Comme c'est horrible! Moi, Yuqin, j'ai prêté serment devant le Bouddha, j'ai été "investie" de mon titre par Puyi!... Si je m'enrôlais dans le groupe culturel, que diraient de moi les gens de la Cour ? Comment mon père et ma mère pourraient-ils ne pas m'en vouloir ? "Quand on est mariée avec un coq, on reste tout sa vie avec lui, quand on a épousé un chien, on reste avec le chien." C'est le destin des femmes !... D'ailleurs, Puyi est en difficulté en ce moment, je ne peux pas le quitter. Je dois l'attendre ! Encore et toujours l'attendre !... »

Elle s'est assise sur son lit, elle sort de sa table de chevet le peigne de Puyi et doucement le passe dans ses cheveux...

XVII

Coups de canon pour le Nouvel An

Le printemps de 1946 est arrivé. A l'extérieur comme à l'intérieur, le bâtiment qui abrite les services d'administration de la troupe est décoré de lanternes rouges et de sentences parallèles. Le jour du réveillon, de l'aube jusqu'au soir, les chants, les rires et les battements de tambour se répondent. Partout règne une atmosphère joyeuse[1].

Yuqin est tout enveloppée de joie, elle s'est entièrement intégrée à cette grande et chaleureuse famille. Elle chante avec la monitrice Yang et les autres « Le ciel est radieux dans la zone libérée », elle joue aux « échecs sauteurs » avec Petit Zhou, le chef de section Liu, le commissaire Cui. Elle goûte un bonheur qu'elle n'a jamais connu de sa vie...

Ce soir-là, après le dîner, le commandant général He Changgong et son épouse les invitent spécialement, elle et Saga Hiro, à passer avec eux le réveillon. A son retour dans sa chambre, bien qu'il soit déjà tard, Yuqin, qui est en proie à une grande excitation, se met à bavarder avec Jingxi au lieu d'aller dormir, en dégustant les bonbons et les fruits qu'elle a rapportés de chez le commandant. Plus elles bavardent, plus elles sont joyeuses, et elles en arrivent à parler de l'Impératrice Wanrong et de la Mère nourrice de Puyi. Yuqin dit que ça fait longtemps qu'elle ne les a vues, qu'elle se demande comment elles vont. Aussi décident-elles d'aller leur rendre visite pour le Jour de l'An, au bâtiment de la Sécurité publique où on les a logées.

Mais le lendemain matin, vers cinq heures, le bruit d'une fusillade les réveille. Yuqin et Jingxi croient d'abord que ce

1. Il s'agit naturellement du Nouvel An « chinois » (selon l'ancien calendrier).

118

sont des pétards mais, quand elles prêtent l'oreille, un doute leur vient : un pétard ne produit pas une explosion aussi forte terminée par un sifflement. Ces fortes détonations qui ébranlent le ciel rappellent bien plutôt celles des bombes que l'Armée soviétique a larguées l'autre fois près du palais impérial...

— Malheur ! c'est le canon !

Yuqin se précipite au rez-de-chaussée, mais est arrêtée par des soldats armés. Elle est obligée de remonter. Lorsqu'elle regarde par la fenêtre, elle voit que le ciel est noir comme de l'encre et les rues complètement désertes !

« Comment se fait-il, si c'est une bataille, qu'on ne voie personne ? » se demande Yuqin.

Un grondement de tonnerre accompagne la chute d'un obus de l'autre côté de la route, près du bâtiment de la Sécurité publique. Malgré la pénombre, on entrevoit, dans l'éclat des flammes qui se ruent vers le ciel, des planches de bois et des mottes de terre qui ont été projetées en l'air par la déflagration.

— Et l'Impératrice ? Et la Mère nourrice..., s'écrie Yuqin, qui se souvient tout à coup que l'Impératrice et d'autres personnes sont logées dans cet immeuble.

— Que se passe-t-il ? demande Jingxi, angoissée, ses mains pressant sa poitrine. Pourquoi tire-t-on sur ce bâtiment... ?

— Je vais voir l'Impératrice !...

Sans plus penser à rien d'autre, Yuqin s'est précipitée vers l'escalier. Jingxi, affolée, s'élance derrière elle en criant, mais en vain.

Les soldats, devant le bâtiment, concentrent toute leur attention sur ce qui se passe en face. Comment auraient-ils pu imaginer que quelqu'un sortirait dans leur dos ? Quand ils remarquent les deux femmes, Yuqin a presque gagné la sortie de la cour...

— Reviens ! c'est dangereux !

Yuqin n'en continue pas moins à courir sans se préoccuper de rien. Tout à coup, elle sent sur sa joue gauche un choc violent, et, aussitôt, quelque chose qui coule...

— Tu saignes! crie Jingxi à tue-tête.

Yuqin effleure sa joue de sa main et la regarde : elle est pleine de sang...

Les soldats ont immédiatement ramené Yuqin à l'intérieur, en la soutenant. L'agent sanitaire lui a fait un pansement. Tout le monde, ici, est à présent engagé dans la bataille et fait face aux rafales de projectiles qui viennent d'en face.

Une douleur cuisante incendie les joues de Yuqin, le sang ne cesse de filtrer sous le pansement. Mais, si intense que soit le combat, le commandant He Changgong lui fait envoyer un médecin militaire pour examiner sa blessure, ce qui la touche profondément.

— Il se peut, dit le médecin, qu'un débris de projectile soit resté à l'intérieur de la plaie.

Quand le combat est terminé, le silence revient. Yuqin, couchée sur son lit, entend les propos qui s'échangent :

— Ces bandits de Japonais, ils ont essayé de se rebiffer... Si nous n'avions pas pris immédiatement des mesures, on aurait eu beaucoup plus de mal à maîtriser la situation.

— A l'intérieur du bâtiment, il y avait des nôtres aussi, on n'osait pas tirer, c'était gênant...

— Malheureusement, la vieille dame a été blessée, elle est morte d'avoir perdu trop de sang...

— On dit qu'elle est la nourrice de Puyi...

— Ah !

Yuqin a été comme étourdie par la nouvelle. Le cœur au bord des lèvres, la voici debout ; elle court à nouveau au rez-de-chaussée. On finit par céder à ses supplications et on lui permet de se rendre dans le bâtiment en face, accompagnée de deux soldats...

A l'intérieur, les vitres sont presque toutes brisées, les murs marqués par des traces de projectiles... On lui dit que la nourrice est morte à l'hôpital où on l'a transportée à la fin du combat pour essayer de la sauver, Yuqin ne peut donc pas la voir et en éprouve une grande déception. Ensuite elle se rend sans tarder dans la chambre de Wanrong, mais elle ne l'y trouve pas, Petit Liu, l'eunuque, la conduit dans une autre pièce sans dire un mot.

Wanrong est là, assise sur le lit, insensible, apathique. L'eunuque Wang est debout auprès d'elle, le visage très soucieux...

— Ma Maîtresse ne veut plus bouger d'ici, malgré tous les conseils, explique-t-il à Yuqin. Depuis son arrivée à la Cour, elle s'était toujours si bien entendue avec la Mère nourrice qu'elle refuse de la quitter...

Wanrong a remarqué le pansement enroulé sur la tête de Yuqin. Elle en est surprise, dans son regard éteint est passée une faible lueur de vie. D'un léger mouvement de main, elle invite Yuqin à s'asseoir au chevet de son lit. Un petit moment s'écoule, elle jette son mégot et rallume une autre cigarette...

Yuqin observe le lit, les vêtements, les objets. Elle les reconnaît : le lit de Nounou Wang ! Cette mince couette fleurie est tachée de sang — celle qui y dormait n'est plus là, mais les objets y sont toujours, et ils parlent. Quelle douleur ! Yuqin est replongée dans ses souvenirs. A la Cour, la Mère nourrice la consolait, la comblait d'attentions bienveillantes. A l'idée qu'elle ne reverra plus jamais la vieille dame si bonne, Yuqin se laisse tomber, le front sur la couette, et pleure amèrement.

Mais plus elle pleure, plus elle est désespérée : le départ de Puyi a donné le signal de tous les malheurs ; Wanrong a basculé complètement dans la folie, le démon de la maladie torture son corps ; et maintenant, la Nounou est morte. Tous les gens de la suite sont partis. « Il ne reste plus que moi, me voilà toute seule, pense-t-elle, comment vais-je m'en sortir ? »

Wanrong ne réagit pas, toujours apathique, insensible. Elle a allumé une autre cigarette...

XVIII

Le retour à Changchun

Un train de marchandises traverse des tunnels, des fleuves et des rivières que le dégel vient à peine de libérer, il fonce en avant, crachant ses fumées épaisses.

Dans un wagon sans fenêtre, Li Yuqin et Jingxi sont assises, dodelinant de la tête au milieu des soldats de la Huitième Armée de route armés de pied en cap.

Après l'événement heureux du « 14 avril » 1946, jour de la libération de Changchun par la Huitième Armée, Li Yuqin est sur le chemin du retour. Cela fait huit mois qu'elle en est partie, plus de deux cent quarante jours et nuits, qu'elle a passés dans une immense souffrance ! « Je vais bientôt être à Changchun, pourrai-je revoir les miens ? La Huitième Armée me laissera-t-elle rentrer chez moi ? Que sont devenues les personnes de la Cour ? Aurai-je la possibilité de revoir l'Empereur ?... Quoi qu'il en soit, ce jour tant espéré est enfin arrivé ! »

Une fois à Changchun, Yuqin continue à vivre à la caserne. Mais les domestiques de l'ancienne Cour et les eunuques ont été relâchés, les autres rescapés s'en vont dès qu'ils ont trouvé où aller[1].

— Li Yuqin, tu dois aussi rentrer chez toi ! vient lui dire un jour un cadre de l'Armée.

---

1. L'épouse japonaise de Pujie, transférée avec les autres, parviendra à rejoindre Pékin puis le Japon. Seule Wanrong, l'Impératrice, sans opium, sans ressources, sans domestiques, n'est pas en mesure de chercher une solution. Yuqin pense un moment la ramener chez ses propres parents mais sa mère s'y oppose. La guerre civile reprenant, l'Armée se retire précipitamment et Wanrong, à bout de forces, dans un état de déchéance physique qui interdit désormais tout transfert, meurt où elle se trouve, dans un abandon total.

A cette nouvelle, elle est toute joyeuse, et demande aussitôt:

— Quand?

— Tu ne peux pas t'en aller tout de suite. (Et l'officier précise:) Tu dois d'abord divorcer d'avec Puyi!

— Divorcer?

Yuqin a eu un choc au cœur. Déjà à Tonghua, un chef de section, puis la monitrice Yang ont évoqué cette possibilité, lui offrant même de s'enrôler dans l'Armée. Elle a refusé. Et maintenant qu'on revient sur ce sujet, c'est comme si on versait du sel dans sa plaie!

— Puyi est un criminel! répond le cadre avec gravité, et toi tu es l'enfant d'une famille pauvre. Tu dois tracer une ligne de démarcation entre toi et lui. C'est seulement ainsi que tu pourras t'en sortir...

— Une femme honnête n'épouse pas deux maris! répond Yuqin. Ma décision est prise depuis longtemps déjà, je ne divorcerai pas!

— Tu as l'air bien décidée, ma foi! dit le cadre, très étonné. Tu ne veux pas divorcer parce que tu penses encore que Puyi redeviendra Empereur, et toi-même sa Dame précieuse, n'est-ce pas?

— Oh! dit Yuqin, blessée.

— Tu n'as que dix-sept ans, il faut retourner parmi le peuple travailleur, qui t'a élevée et nourrie. C'est cela le chemin lumineux de l'avenir... Qu'en penses-tu?

— Je... (Yuqin s'obstine.) Je ne peux pas faire cela...

— Bon, tu vas y réfléchir sérieusement. Quand j'aurai du temps, je viendrai te voir! Seulement voilà! nous devons nous engager dans de nouvelles batailles. Comment t'emmener partout avec nous? Pense à cela!

Voilà déjà la troisième conversation de ce genre. Un jour que Yuqin est appelée à nouveau au bureau du même cadre, elle y découvre à sa grande surprise la présence de deux « hommes du peuple ». En les observant de plus près, elle constate que l'un des deux, qui doit avoir trente-cinq ou trente-six ans, appartient à sa famille, c'est un cousin qui a fait quelques études dans une école privée, un homme qui a

« un peu d'encre dans le ventre » ! La vue de son cousin plonge Yuqin dans la stupéfaction : visage très maigre, tout couvert de barbe, dos légèrement voûté, des yeux striés de sang...

— Papa !

Au moment où Yuqin va se jeter dans les bras de la seconde personne, son père, elle se retient, optant pour une attitude raisonnable. « Li le brave » s'est levé, ses lèvres tremblent, il a ravalé ce qu'il avait envie de dire...

— Tu vois, cette fois ton père est venu avec un autre membre de ta famille, dit le cadre en posant un verre de thé devant elle. Nous allons discuter tous ensemble. Tout ce que nous faisons, c'est pour ton bien, c'est pour sauvegarder ton avenir...

Yuqin, la tête baissée, n'a pas dit un seul mot. Depuis ces derniers jours elle n'a plus d'appétit, elle a perdu le sommeil, tant elle est agitée d'idées contradictoires ! Ces propos que tiennent les dirigeants de l'Armée sont raisonnables, cependant, si elle faisait comme ils le souhaitent, ce serait agir en « femme sans cœur » ! Et puis elle pense à une de ses cousines, une fille qui, ne pouvant plus supporter les mauvais traitements que lui infligeaient ses beaux-parents et son mari, n'a pu se retenir de quitter sa belle-famille. Pour quel résultat ? Elle est devenue un objet de mépris pour les siens. Même quand elle sort dans la rue, on clabaude dans son dos ; ses parents ont perdu la face à cause d'elle... « Si je suivais cette voie, quelle vie serait la mienne plus tard ? » Une telle pensée la terrifie : avec Puyi, c'est peut-être le malheur qui l'attend, mais il sera en tout cas plus facile à supporter que le mépris des gens !...

Le cadre a repris encore une fois tous les arguments capables de la convaincre, et il regarde à présent « Li le brave ».

— Vieux Li, qu'en penses-tu ?

— Au début, je n'étais pas d'accord pour qu'elle aille à la Cour impériale..., répond Li en bredouillant, mais l'Empereur l'exigeait, est-ce qu'on pouvait faire autrement ? Yuqin, c'est de l'eau renversée[1], comment pourrait-on la récupérer?...

Le brave homme, devant ce « mandarin » qui lui parle, garde au cœur un sentiment de crainte, au point qu'il n'ose même pas jeter un coup d'œil de son côté.

— Pour la récupérer, c'est facile. (Le cadre est tout à fait compétent en la matière.) Il suffit d'écrire une simple déclaration et elle pourra retourner chez elle!

— Alors... à mon avis...

Le cousin de Yuqin, qui a compris où le cadre veut en venir, se montre enfin prêt à saisir la perche tendue.

Le divorce est une affaire importante, il ne faut pas agir à la légère, mais le mariage conclu à la légère, il ne faut pas le protéger par la violence. D'ailleurs le courant de l'histoire est irréversible. Puyi n'a pas fait preuve de vertu, ce qui a mené Yuqin à l'exil. Aujourd'hui qu'ont changé comme en rêve le vent et les nuages — autres temps, autres circonstances —, défaire le contrat n'est pas contraire aux principes. Comment serait-ce impie? A mon avis, mieux vaut se séparer et que chacun aille son propre chemin, c'est la solution la plus élégante — on rédige une déclaration, et la famille se reconstitue!

Le cousin a jeté un coup d'œil en coin du côté du cadre pour vérifier s'il a bien dit ce qu'il fallait dire, et les regards des deux hommes convergent sur le coin où se tient « Li le brave ».

Cette fois, le vieil homme a l'impression que de puissantes forces armées exercent leur pression sur ses frontières. Il ne peut que se laisser emporter par un vent si fort:

— Alors, on écrit cette déclaration et tu rentres avec ton père à la maison?

— Qu'en penses-tu, Yuqin? insiste le cadre qui, se voyant près du but, lance une ultime offensive.

— Bon, je l'écris...

Après un long silence, Yuqin a finalement arraché ces mots

---

1. Expression traditionnelle: la femme, appartenant à la famille de son mari, dès qu'elle passe, jeune épousée, le seuil de la maison paternelle, est un bien aussi irrécupérable que « de l'eau renversée ».

de sa gorge. Maintenant, le visage enfoui dans ses mains, elle sanglote...

« Li le brave » marche devant, portant sur l'épaule le bagage de sa fille. Elle avance sur ses talons, un petit paquet sous le bras. Li Yuqin est comme un oiseau longtemps enfermé dans une cage et qui, une fois sorti, ne sait même plus voler ! Depuis trois ans, que ce soit à la Cour impériale, ou en exil, elle n'est jamais sortie toute seule. Et maintenant, pour ce trajet d'une dizaine de *li* qui sépare le cantonnement de sa maison, le souffle lui manque, elle s'arrête sans cesse. Elle a l'impression qu'elle ne sait même plus marcher dans une rue — elle regrette de n'avoir pas accepté le véhicule que le cadre lui proposait !

Mais ce qui rend ses pas plus lourds encore, c'est la complexité des sentiments qui bouleversent son cœur, un mélange indicible d'amer et de piquant, d'aigre et de doux.

« Tout au début, pourquoi Puyi a-t-il désigné ma photographie ? Si j'avais refusé avec insistance de me laisser photographier, j'aurais échappé à toute cette affaire. Pourquoi ai-je cru, alors, que c'était vraiment pour étudier qu'on m'envoyait à la Cour ? Est-ce que je ne pouvais pas trouver quelque prétexte ? Maintenant que je suis la femme d'un grand traître à la patrie, comment les voisins vont-ils me regarder ? On dira, justement, que c'est parce qu'il est un traître que j'ai divorcé ! Comment rentrer chez moi ? Comment vais-je vivre plus tard ? Quelle issue trouver ? Ah ! Comme ces rues me sont encore familières, comme je la connais, la route que je prenais il y a trois ans, si insouciante, alors qu'aujourd'hui, en repassant ici, j'ai le cœur si lourd... » Plus elle s'approche de sa famille, plus son pouls s'accélère et, quand elle aperçoit le pauvre logis qu'elle a quitté voici déjà plus de trois ans, son cœur s'emballe si fort qu'il lui saute presque dans la gorge ! Elle a franchi le seuil de sa maison les jambes tremblantes. Il y a là beaucoup de monde, mais elle ne voit que sa mère. C'est maman qui s'approche pour étreindre sa fille... Pas de salut, pas de question : Yuqin est dans les bras de sa mère et elle pleure. Des larmes, rien que des larmes, des larmes qui coulent sans fin... Les mains crispées, les jambes paralysées, elle finit par s'évanouir...

Après qu'on l'a tirée de son inconscience grâce aux aiguilles d'argent[1], elle reste sombre et tourmentée. Elle a toujours envie de dormir. Sa mère s'inquiète. Que faire? Sa fille a huit chances sur dix d'avoir attrapé la « maladie démoniaque »! Ah, elle a perdu l'âme!

On pourrait le croire: elle ne fait que dormir et encore dormir. Le médecin n'arrive pas à la guérir, ses proches ne parviennent pas à dissiper les nuages noirs qui pèsent sur son cœur...

Un jour, son moral brusquement s'améliore. Elle marmonne en silence des prières bouddhistes; en silence elle demande, semble-t-il, quelque chose... Sa mère, en voyant cela, est perplexe. Elle s'approche de sa fille et la questionne doucement:

— Mon enfant, y a-t-il quelque chose que tu veuilles dire. à ta maman?

Pas de réponse.

Quelques jours plus tard, enfin, Yuqin a recouvré son calme. Apparemment, elle a retrouvé son « âme »! Sa mère, soulagée, l'aborde à nouveau, discrètement:

— Mon enfant, si tu as quelque chose au fond de ton cœur, dis-le à ta maman! Va, dis-le!

Yuqin, finalement, ouvre la bouche.

— Je veux me faire bonzesse...

La mère est stupéfaite. Elle regarde sa fille, bouche bée, les yeux écarquillés, incapable de prononcer un seul mot...

Elle a discrètement informé le père, et lui aussi reste bouche bée, les yeux écarquillés, muet d'étonnement devant sa vieille compagne...

— Yuqin! (Le vieil homme s'est approché de sa fille.) Tu veux être bonzesse?

— Oui!

— Malade comme tu es, comment pourras-tu supporter une telle vie?

— C'est justement pour me sentir mieux que je la choisis.

— Tu y tiens vraiment? Ne vaut-il pas mieux que tu écartes cette idée?

---

1. Par l'acupuncture.

— Non! j'ai réfléchi à tout, c'est seulement là-bas que je pourrai peu à peu dissiper mon angoisse!

La mère et le père discutent, embarrassés, du pour et du contre. Ils en délibèrent ensuite avec tous leurs enfants, mais personne ne propose de solution convaincante. Finalement la mère, dans son grand amour pour Yuqin, décide de suivre sa volonté!

« Li le brave » a pour habitude « d'obéir aux ordres » — les idées de sa vieille compagne et de sa fille sont « des vents rigoureux », dont il convient d'adopter le sens! Aussi part-il chaque jour à la recherche d'un temple de bonzesses, dont la supérieure accepterait de prendre Yuqin...

Mais toute sa peine est dépensée en vain: « Les communistes sont en train de briser les superstitions. » Pas de maître de bonzerie qui consente à « jeter ses œufs contre le rocher »!

Les nuages flottent dans le ciel, tantôt à l'est tantôt à l'ouest, les choses de la vie subissent des changements imprévisibles — la Huitième Armée de route est à peine restée deux mois à Changchun que brusquement, un beau matin, elle s'en va.

Un jour, la sixième épouse de Jian, Yan Tongjiang, et Huo Futai, trois éminents personnages de la « Cour intérieure » viennent rendre visite à Yuqin dans sa triste demeure. A les voir apparaître dans sa chaumière, Li Yuqin est extrêmement surprise et joyeuse à la fois...

— Nous savons bien que cette déclaration de divorce, la Dame précieuse l'a écrite sous la contrainte, dit la sixième épouse de Jian.

— C'est un papier sans valeur, nul et non avenu! poursuit Yan Tongjiang.

— L'Empereur a comblé la Dame précieuse de faveurs et de bienveillance. La Dame précieuse ne doit pas l'oublier! ajoute Huo Futai.

En un mot, Li Yuqin est toujours, selon eux, la Dame précieuse de l'Empereur: elle doit rester avec les siens, passer parmi les siens les années de troubles...

La mère de Yuqin prend peur: si jamais il arrivait quelque

chose à sa fille tandis qu'elle est chez ses parents, comment pourrait-on plus tard en rendre compte à Puyi ? Fille mariée doit suivre les dispositions prises par sa belle-famille !

Le père aussi s'inquiète : le moral de sa fille est atteint alors qu'elle vit chez eux. Si jamais il lui advenait quelque mal incurable, comme ils regretteraient de l'avoir gardée à la maison ! Il ne convient pas qu'un malheur arrive à une fille mariée alors qu'elle est chez ses propres parents !

En conséquence, ils se mettent tous d'accord pour envoyer Yuqin chez le père de Puyi, l'Empereur-régent Zaifeng.

Quant à Yuqin, en dépit de sa « déclaration », au fond de son cœur elle pense encore à Puyi : tous les jours elle prend son peigne pour se coiffer, elle prie tous les jours Bouddha pour qu'il lui accorde sa protection ! « Mariée au coq, on suit le coq, mariée au chien, on suit le chien »... Pour manifester sa fidélité à l'Empereur, elle s'est mordu le doigt, et avec son sang qui coule elle écrit ce serment : « Fidèle à Puyi jusqu'à la mort... »

XIX

Sous le toit d'autrui

Le 27 du cinquième mois de l'année 1946, Li Yuqin, emportant avec elle le panier d'œufs durs que sa mère lui a préparé[1], monte dans un train qui va partir pour le Sud, accompagnée de la Sixième épouse Jian et de deux autres dames.

— Demain c'est l'anniversaire de Yuqin, dit sa mère, mais elle s'en va dès aujourd'hui, sans...

Elle tient la main de sa fille par la fenêtre du wagon et essuie ses larmes. Derrière elle, « Li le brave », le frère et les sœurs de Yuqin sont là aussi.

— Maman ! dit Yuqin, les larmes aux yeux. Rentre, rentre à la maison, je t'en prie !

La mère est absorbée dans les recommandations de dernière heure :

— Quand tu seras chez eux, il faut veiller à respecter les règles, il faut attendre l'Empereur...

— Ne t'inquiète pas, je ne te reverrai pas avant que Puyi ne soit de retour !

Un long coup de sifflet, le train, en crachant des fumées noires, se met doucement en marche...

Yuqin avec ses espoirs, Yuqin avec ses vœux, Yuqin avec ses craintes d'avoir encore à supporter des humiliations et des souffrances, a quitté une fois de plus son pays natal et ses proches !...

Mais, contre toute attente, Zaifeng, le père de Puyi, ne veut pas d'elle ! Zaitao, le septième oncle de Puyi, ne veut pas la

---

1. Un cadeau d'anniversaire : un (riche) cadeau de gens du peuple.

reconnaître! Puren, le quatrième frère de Puyi, refuse de la voir. Tous ces gens, dont la famille entière profitait autrefois des faveurs de Puyi, se sont depuis longtemps déchargés du fardeau de la reconnaissance.

Indigné par ce comportement, Puxiu, l'un des princes de la branche aînée[1], qui habite Tianjin, où il avait été chargé autrefois par Puyi d'administrer ses biens, et entre autres la Villa du Repos (Jing Yuan), a décidé de recevoir chez lui cette pauvre Dame précieuse du Bonheur, qui lui fait pitié!

Mais, dans ce milieu, Yuqin est à nouveau prise dans un réseau de conceptions féodales:

— La Dame précieuse a été nommée par l'Empereur, elle appartient à l'Empereur! lui répète Puxiu, parmi d'autres « instructions culturelles ».

— La Dame précieuse ne doit en aucun cas se montrer ingrate envers l'Empereur qui l'a honorée d'une si grande faveur. Elle doit lui rendre grâces de tous les bienfaits dont elle a été l'objet!

Telle est la déclaration de l'épouse de Puxiu, Deuxième Dame Xiu, alors que la famille est à table.

— La Dame précieuse ne doit jamais oublier la dignité de son rang..., rappelle la vieille sœur de Puxiu, qui ne s'est jamais mariée, à l'intention de Yuqin assise dans la cour, en train de tricoter et de s'amuser avec les enfants...

Dans une pièce du rez-de-chaussée, une femme qui n'est pas loin de la trentaine est couchée sur son lit, un petit garçon de cinq ans environ lui a apporté un bol d'eau...

— Yuyan, Yuyan..., gémit la femme, quand seras-tu de retour? Tu nous as laissés dans le malheur...

Yuqin, assise à son chevet, lui peigne les cheveu‌v

---

1. Les trois fils aînés de Yi Zong, petit-fils de l'Empereur Daoguang (règne: 1821-1851), avaient été destitués et exilés par Cixi pour avoir approuvé le soulèvement des « Corps de Justice » ou « Poings de Justice » (que nous avons appelés « Boxers ») (1901). Puxiu est fils du second de ces trois fils et frère cadet de Pujun (cf. p. 132, note 1).

— Yuyan est en URSS avec l'Empereur[1], dit-elle. La situation là-bas n'est sans doute pas mauvaise. Calme-toi, il faut te rétablir.

Autrefois, à la cour de Changchun, Ma Jinglan a eu souvent la charge d'accompagner la Dame précieuse du Bonheur, qui s'entendait bien avec elle. Quand son mari a été arrêté avec l'Empereur et envoyé en URSS, elle est venue elle aussi avec ses enfants habiter chez ce grand-oncle. Maintenant, les deux jeunes femmes sont dans la même situation, obligées de vivre sous le toit d'autrui, et se languissant de leur époux. Le partage de la même infortune les a rapprochées encore plus étroitement!

— Dame précieuse..., dit Ma Jinglan à bout de forces, je n'en puis plus. Quand Yuyan reviendra, je serai déjà... Trois ans sans aucune nouvelle, aucune... Si j'avais ne serait-ce qu'un seul mot de lui, je pourrais fermer tranquillement les yeux...

Yuqin essaie de la réconforter:

— Yuyan écrira, il écrira sûrement...

— Dame précieuse!... (Ma Jinglan, en gémissant, sort de dessous son oreiller un petit cahier soigneusement écrit.) C'est un recueil de poèmes intitulé *Salle de la double limpidité*, que j'ai écrits durant ces trois années en pensant à Yuyan... Si tu le vois plus tard, remets-le-lui de ma part...

— Tu...

Yuqin, en recevant le cahier, n'arrive pas à articuler un seul mot.

— Et toi, ne t'attarde pas dans cette maison, tu dois chercher une autre voie..., dit Ma Jinglan en serrant ses mains.

— Vois comme tu es faible, dit Yuqin en lui essuyant le front.

---

1. « Petit Rui » dans les Mémoires de Puyi. Il est le neveu de Puxiu, à qui son père Pujun, avant de se donner la mort, l'a confié tout petit. (Pujun, selon les lois de succession, aurait dû succéder à l'Empereur Xianfeng (règne: 1851-1862), mais il avait été évincé par Cixi au bénéfice de Zai Tian, l'Empereur Guangxu (règne: 1862-1908). Du fait de cette « déchéance », Pujun et avec lui sa jeune femme étaient méprisés de toute leur famille.

Elle pense : « C'est à cause de la faim... »

Tout à coup Li Yuqin se rappelle quelque chose. Elle sort de la pièce à la hâte et crie par-dessus la palissade, dans la direction de la cour-est :

— Tante Zhao ? Tante Zhao !

Une vieille dame apparaît, un ouvrage de tricot entre les doigts.

— Tante Zhao ! dit Yuqin à voix basse, ce pantalon que j'ai fini ce matin, le client est-il venu le chercher ? Si tu as l'argent, passe-le-moi vite, j'en ai un besoin urgent...

— L'argent ? (La vieille dame s'est mise à rire.) Le client a dit que le pantalon n'est pas conforme au modèle, il veut que tu le refasses.

— Qu'est-ce qui ne va pas ? demande Yuqin, stupéfaite.

— Regarde ! dit tante Zhao en sortant le pantalon qu'elle tenait sous son bras. Tu vois ?

Yuqin l'examine.

— Non, je ne vois pas...

— Regarde bien celui-ci ! reprend la vieille dame en attrapant un autre pantalon, bleu celui-là. Sur le devant, tout en bas, il y a une fente de quelques centimètres. Voilà, en comparant les deux, tu vois maintenant ce qui ne va pas ?

— Ah bon !... (Yuqin a les joues rouges.) Comment se fait-il que je n'y aie pas pensé... Mais je vais le refaire, assure-t-elle en relevant le nez au bout d'un long moment. Seulement...

— Tu as besoin d'argent, n'est-ce pas ? (La vieille dame lit dans les pensées de Yuqin et, tout en sortant sa bourse, elle ajoute :) La mère et les enfants ont faim, n'est-ce pas ? Bon, je te fais une avance. Tiens...

Yuqin est gênée d'accepter :

— Tante Zhao, c'est trop. Vous me donnez du travail, vous prenez toute cette peine pour moi ! Et c'est encore vous qui...

— Mais non, ce n'est rien, dit la vieille dame, je m'en vais acheter des pains farcis et je vous les rapporte. (Et, ponctuant son conseil d'un signe de la main, elle ajoute :) Et vous, filez vite ! Si jamais le seigneur Xiu le Deuxième apprenait que vous travaillez ici, ce serait une belle catastrophe !

Un peu plus tard, Li Yuqin, serrant dans ses mains les pains farcis encore fumants, court joyeusement vers la maison et file tout droit dans la pièce de Ma Jinglan en évitant des rencontres importunes. Elle en donne un sans tarder à chacun des deux enfants, qui pleuraient, et se précipite au chevet de Ma Jinglan, qu'elle appelle doucement :

— Jinglan, Jinglan...

Mais Ma Jinglan ne réagit pas, Yuqin l'appelle encore et la malade entrouvre péniblement les yeux, sa bouche aussi s'est ouverte, mais pas un mot n'en sort.

— Jinglan !

La voix de Yuqin s'enroue, les lèvres de Ma Jinglan tremblent et la sueur coule à grosses gouttes sur son front, tant elle a hâte de mettre à exécution l'idée qui la possède. Elle a relevé péniblement la tête et fait venir ses deux enfants à son chevet ; puis elle leur fait signe de s'agenouiller devant Li Yuqin...

Les deux enfants, deux petits garçons, se sont mis à genoux sans rien comprendre. Ma Jinglan articule avec peine d'un ton pressant :

— Touchez la terre du front... touchez la terre...

Lorsque les enfants se sont ainsi prosternés devant elle, Li Yuqin en pleurant s'approche de l'oreille de leur mère :

— J'ai compris, tu m'as confié Yuanyuan et Lili[1] ! Sois tranquille, je saurai veiller sur eux...

Ma Jinglan a perdu connaissance, Yuanyuan et Lili se sont jetés sur le corps de leur mère, ils sanglotent et crient désespérément.

Li Yuqin essuie ses larmes et sort en courant. Elle arrive chez Puxiu, angoissée, et le supplie :

— Madame Yan la Deuxième va très mal, il faut l'envoyer immédiatement à l'hôpital. A l'hôpital...

— Sa maladie est incurable, répond Puxiu froidement.

— Si vous refusez, c'est moi qui vais le faire ! s'écrie Yuqin, qui tourne déjà le dos, prête à partir.

— N'oubliez pas qui vous êtes ! dit Puxiu sur ce même ton, aussi glacé que son visage. (Il se lève.) Vous êtes la Dame précieuse...

---

1. « Lili » : il s'agit d'un petit garçon (« Petit litchi »).

Yuqin ne s'est pas attardée une seconde de plus. Puxiu, après avoir hésité un moment, se décide tout de même à la suivre...

Au chevet de Ma Jinglan, les deux enfants pleurent.

Puxiu est là, debout, silencieux. Dans son esprit se livre une lutte acharnée. Finalement la crainte que la malade ne meure dans sa maison le contraint à prendre la décision qu'on exige de lui. Il pousse la porte de la chambre et appelle à grands cris :

— Vite, une ambulance ! Conduisez-la à l'hôpital !

Le surlendemain, de bon matin, Yuqin est en train de ranger la chambre de Puxiu. Elle a rassemblé ses livres, éparpillés un peu partout, et les a remis en piles.

Et, tout à coup, d'un des volumes de *L'encyclopédie des rimes du studio Pei Wen*[1] s'échappe un papier cartonné...

Yuqin le ramasse, mais au moment où elle va le remettre dans l'ouvrage elle remarque qu'il s'agit d'une carte postale sur laquelle il y a deux écritures : l'une est du chinois, et l'autre...

« Comment ? Cela vient d'URSS ? » se dit Yuqin en examinant la carte et son origine. Et sa pensée va bon train : « L'URSS, n'est-ce pas là que l'Empereur et les autres sont prisonniers ? » Il lui suffit alors de lire quelques lignes pour comprendre qu'il s'agit d'une lettre de Yuyan, qui a suivi Puyi en URSS, à sa femme Ma Jinglan ! Le cœur de Yuqin bat à se rompre. Elle tourne page par page le volume de *L'encyclopédie des rimes* en espérant trouver une autre carte postale, adressée à elle, Li Yuqin, et envoyée par la personne à laquelle elle pense jour et nuit. Mais elle a beau feuilleter l'ouvrage en tout sens, elle ne découvre rien. Elle poursuit sa recherche parmi d'autres livres, soigneusement, mais sans plus de résultat ! Yuqin est bien déçue : « Pourquoi l'Empereur ne m'a-t-il rien envoyé ? »

« *Les feux de la guerre ont brûlé trois mois, un message des siens vaut une fortune*[2]. » Oui, dans ces années de troubles,

---

1. Dictionnaire de rimes constitué à la demande de l'Empereur Kangxi (1654-1722). Il comportait à l'origine 444 volumes dont il ne reste que 122.
2. Deux vers très célèbres de Du Fu (712-770).

lorsqu'on est séparés depuis plus de trois ans, comme c'est notre cas, recevoir tout à coup une lettre de la personne chère, quel bonheur! Un bonheur que tout l'or du monde ne saurait acheter. D'après le cachet de la poste, cela fait déjà sept ou huit jours que la carte postale est arrivée, pourquoi Puxiu ne l'a-t-il pas donnée à Jinglan ?...

Au moment où Li Yuqin va partir avec la carte, Puxiu entre dans la pièce.

— C'est une missive de Yuyan, pourquoi ne l'avez-vous pas transmise à son épouse ? lui demande-t-elle tout net.

Puxiu, voyant la carte entre ses mains, ne peut pas nier :

— Elle était malade, dit-il, elle risquait d'être encore plus triste en la lisant, j'ai pensé...

— C'est cela qu'elle attend depuis des jours et des nuits! s'écrie Yuqin. (Le feu de l'indignation lui est monté aux joues.)

Puxiu essaie de se justifier :

— D'ailleurs, il n'y a pas grand-chose sur cette carte... Même pas une adresse, il est impossible de lui répondre... Tout ce qu'on peut savoir, c'est qu'il est prisonnier...

— Mais...

— De plus, le Très Haut[1] n'a pas écrit à la Dame précieuse. Alors si j'avais transmis cette carte à la femme de Yuyan, la Dame précieuse n'aurait-elle pas été...

Yuqin l'interrompt.

— Quoi qu'il en soit, il faut porter immédiatement ce message à l'hôpital! déclare-t-elle, et elle lui tourne le dos pour partir.

— Ce n'est plus la peine, dit Puxiu à voix basse. (Il s'assied.) Elle vient de rendre le dernier souffle...

La carte postale est tombée de la main de Yuqin...

---

1. Les membres de la famille et de la Cour de Puyi, après sa chute, ont adopté pour le désigner cette appellation moins officielle et moins précise, mais qui atteste de leur fidélité.

XX
Les règles de la famille impériale déchue

Les rues sont noires de monde...

Sur la terrasse du second étage, Li Yuqin maintient un écheveau de laine tendu sur ses poignets. Yuanyuan, assis à côté d'elle avec une pelote de laine dans les mains, embobine prestement le fil; Lili, agrippé aux barreaux du balcon, s'efforce de marcher...

D'en haut, à travers les montants de la grille, Li Yuqin observe attentivement les gens qui vont et viennent au-delà de la cour. Elle tricote pour des clients. Quoiqu'elle travaille assez vite et bien, comme elle est coupée de l'extérieur, elle n'est pas au courant de la mode et ignore les derniers modèles en vogue! C'est pourquoi elle observe discrètement les passants depuis son balcon.

Dès qu'apparaît dans la rue une personne vêtue d'un tricot, elle ne la lâche plus des yeux...

— Votre Honneur! (Lili a appelé Yuqin, selon les coutumes de la Maison impériale.) L'histoire n'est pas finie, pourquoi est-ce que tu t'arrêtes?

Li Yuqin, dont l'attention est concentrée sur un homme vêtu d'un pull-over à col, s'était interrompue dans son récit. Ramenée à la réalité par l'enfant, elle en reprend tout de suite le fil et l'achève à la va-vite.

Puis, comme si elle se rappelait subitement quelque chose, elle dit à Yuanyuan :

— Va à la maison chercher le médicament de ton frère!

Yuanyuan a rapporté le « médicament » — il s'agit, en fait, d'une recette locale, de la coquille d'œuf réduite en poudre, qu'on délaie dans de l'eau. A ce qu'on dit, cela peut guérir la faiblesse des os[1].

— Je n'en veux pas, c'est trop mauvais! déclare Lili qui se dérobe.

— Sois sage, Lili, nous n'avons pas d'argent pour acheter du sucre, il faut le boire comme ça! Tu as oublié? Ça soigne les os! Après tu pourras marcher!

L'enfant se résigne. Il prend le sachet de « médicament » et en verse directement le contenu dans sa bouche...

— Tu es vraiment sage! dit Yuqin pour l'encourager. Quand j'aurai fini ce tricot, je t'achèterai des comprimés de calcium et de l'huile de foie de poisson, ce sera bien meilleur!

— Votre Honneur! dit doucement Lili quand il a avalé son remède; en s'approchant de Yuqin, il lui glisse à l'oreille: Hier soir, maman est rentrée, mais... mais elle est repartie...

Le cœur de Yuqin fait un bond[2], mais elle comprend aussitôt: l'enfant a vu sa maman en rêve! Elle a pris le petit garçon dans ses bras, et le réconforte tendrement:

— Maman est repartie, elle est allée à l'hôpital pour se faire soigner...

— Il lui faut si longtemps pour se faire soigner?

— Mais oui, elle ne peut pas revenir avant d'être guérie!

Yuqin a les paupières rouges, mais elle s'efforce de se contrôler...

— Quand est-ce que maman reviendra? poursuit Lili, le visage tendu vers Yuqin.

— Quand elle sera rétablie... (Yuqin pose sa joue contre celle du petit.)

— Alors, qu'elle revienne vite! dit-il à voix basse. Mon frère et moi, on nous bat sans arrêt, n'a-t-elle pas pitié? Hier soir, quand maman est rentrée, je voulais lui dire que mon frère avait été battu si fort qu'il se tordait de douleur par terre en hurlant. Et que moi, j'ai eu tellement peur en l'entendant

---

1. D'après les Mémoires de Yuqin, l'enfant, né en 1945, est atteint de rachitisme. Il ne marchera pas avant d'avoir quatre ou cinq ans et restera difforme toute sa vie.

2. « A cette époque, j'étais encore superstitieuse... » (Mémoires de Yuqin).

crier à côté que j'ai fait pipi dans mon pantalon... Mais je n'ai pas pu le lui dire, parce que je l'avais à peine embrassée qu'elle était repartie sans me laisser le temps de lui parler...

— Lili!

Yuanyuan, un peu plus âgé, comprend davantage de choses. Quand il voit l'expression de souffrance qui marque le visage de celle qu'ils appellent « Votre Honneur » il a interrompu les confidences de son frère cadet.

Yuqin se sent comme poignardée! Cette famille féodale est maintenant au bord de la débâcle. Pour économiser les frais d'éclairage, toutes les lampes électriques ont été retirées, les trois repas quotidiens ont été ramenés à deux. Encore faut-il souvent aller s'acheter à manger dans la rue! Le plus frappant, ce sont les changement survenus dans la famille: la dernière femme de Puxiu a choisi avec résolution le divorce et elle est partie pour le Nord-Est; la fille aînée de Puxiu s'est mariée à Pékin; son fils, Yumin, est mort avant son mariage[1]; son neveu Yudai et sa femme, ne pouvant plus supporter de vivre sous le toit d'autrui, se sont envolés vers le Nord-Est sous prétexte de se faire soigner; sa sœur célibataire, « la vieille Demoiselle », à bout de ressources, a renvoyé tous ses domestiques... Ce déclin de la famille a rendu Puxiu, déjà colérique de nature, encore plus irascible. Quant à « la vieille Demoiselle », déjà bizarre autrefois, elle l'est encore davantage maintenant. En même temps s'est exaspérée l'humeur noire de la femme de Puxiu, Madame Xiu la Deuxième, fille du Gouverneur des deux provinces du Guandong et du Guangxi. Aussi arrive-t-il souvent que tous ces gens passent leurs nerfs sur les enfants. Yuqin les emmènerait bien à Changchun chez les siens. Mais on lui a dit que ses parents ont déménagé depuis longtemps, que personne ne sait où ils sont allés... Il semble bien qu'il n'y ait d'autre choix que de rester ici et tout endurer. Mais comment faire pour les deux enfants?

— Par exemple! c'est vraiment insensé!

_____

1. C'est-à-dire avant qu'on ait pu le marier — et assurer une descendance aux Ancêtres: c'est la pire des catastrophes qui puissent frapper une grande famille.

Tout à coup, dans le couloir s'élève la voix de Puxiu, une voix dont les éclats se rapprochent. Yuqin, dans sa chambre, a le pressentiment d'une catastrophe. Elle s'est levée et s'est retournée d'une seule pièce vers le vestibule.

Puxiu frappe à la porte.

— Dame précieuse ! Dame précieuse !

— Que se passe-t-il ? demande Yuqin, le cœur battant.

— Envoyez-moi Yuanyuan !

Yuqin tente de mentir.

— Il... il n'est pas dans ma chambre.

— Mais je viens de le voir sur le balcon ! crie Puxiu, qui n'entend pas céder. Qu'il sorte !

— Il... Mais il...

Sans laisser à Yuqin le temps d'un faux-fuyant, Puxiu a poussé violemment la porte. Livide, les lèvres tremblantes, en quelques pas il s'est jeté sur Yuanyuan, l'a attrapé par le col de sa veste et l'entraîne dehors...

— Qu'a-t-il fait ? demande Yuqin, qui a barré la porte. Vous n'allez pas encore...

— Il est mon petit-fils, je suis son grand-père[1], j'ai le devoir de m'en occuper !

Là-dessus, Puxiu pousse l'enfant qui pleure et qui crie, dans la pièce en face, où il pénètre à son tour. Il claque la porte derrière lui...

— Qui t'a autorisé à aller sur le balcon ? Hein ?... (On entend, au milieu de la grêle de coups qui s'abattent sur l'enfant, les injures et les invectives du vieillard.) Qu'est-ce que tu regardais du balcon ? Qu'est-ce que tu regardais en bas, hein ? Quoi ? As-tu oublié qui tu es ? Quelle vulgarité, quelle violation des règles !...

Le bruit des coups de plus en plus fort, les pleurs et les cris aussi...

— Je te le demande, pourquoi regardes-tu les gens comme

---

1. Ce qui n'est pas vrai à la lettre (cf. ci-dessus, p. 132, note 1) : Puxiu se sent investi, à défaut du grand-père (mort) et du père (prisonnier), du devoir d'« éduquer » ces Aisin Gioro de la souche impériale. De plus c'est son frère Pujun qui lui a confié ses fils (dont Yuyan, père des enfants) avant de se donner la mort.

ça ? Violer ainsi les règles... Dis-moi, oseras-tu continuer longtemps ? (Puxiu, essoufflé, n'a plus de voix, mais il n'en continue pas moins à exhaler sa fureur.) La tête coupée, c'est peu de chose, mais le manquement aux règles, ça c'est grave !... Âh ! descendant indigne des Aisin Gioro, je te battrai jusqu'à la mort !... (Et les injures reprennent sur un ton geignard.) Indignes, impies ! Tous, tant que vous êtes ! Mon propre oncle[1] a fait publier une déclaration à Pékin, annonçant qu'il rompait tout lien avec l'Empereur ! Est-ce qu'une « déclaration » suffit pour rompre ses liens avec l'Empereur ? Quand l'Empereur était sur son trône, pourquoi n'avez-vous pas fait de « déclarations », hein ?... Ton cœur à toi aussi a pris le large ! Toi aussi tu n'as qu'à aller faire une déclaration. Vas-y !

Chaque mot qui s'envole de la pièce d'en face est comme une aiguille d'acier qui transperce le cœur de Yuqin. Elle s'est élancée en trébuchant vers la voix qui vitupère mais, au moment où elle va frapper à la porte, le vertige s'empare de sa tête, les ténèbres tombent sur ses yeux...

Un long sifflement se fait entendre, le train file à grande vitesse sur l'immense plaine.

Li Yuqin est assise dans le coin d'un wagon. Elle regarde avec une grande émotion la photo de Ma Jinglan : « Jinglan, pense-t-elle, nous voilà partis. Puisque Puxiu va rejoindre sa fille Yu Lingjun à Pékin, moi et tes enfants, nous sommes bien obligés de le suivre. Cela me fait mal de penser qu'on t'a laissée à Tianjin... Et puis, comment savoir ce qui nous attend à Pékin ?... »

Le fait est qu'à Pékin, où Puxiu n'est même pas chez lui, la vie devient encore plus difficile. Yuqin, elle, continue à

---

1. Zai Tao, le septième des frères de la branche impériale, le second étant le père de Puxiu. Il sera bientôt délégué de la tribu mandchoue à l'Assemblée consultative nationale de la République populaire de Chine.

tricoter en espérant que ce médiocre revenu améliorera un peu la situation financière de la famille[1].

Un jour, devant le portail d'une cour à la chinoise, à Nanguanfangkou, on entend un vieillard vociférer, un pull-over à la main :

— ... La laine que je lui avais donnée pour le faire était de fabrication étrangère, mais regardez-moi ce chandail : ce n'est pas la même couleur, elle m'a changé ma laine ! Je vais aller la trouver, moi !

Une vieille femme s'efforce de l'arrêter :

— Camarade, calmez-vous ! Ecoutez-moi. La camarade qui tricote ce chandail m'a chargée de vous le remettre. Si vous avez des critiques à formuler, c'est à moi qu'il faut le dire, vous n'avez pas besoin d'aller chez elle...

Le vieil homme frappe de sa canne les anneaux de fer du portail.

— Je sais qu'elle habite ici ! dit-il en élevant le ton, et justement je veux qu'elle m'entende. Nous sommes tous des gens de la nouvelle société ; pourquoi garde-t-elle une mentalité d'autrefois ?

La femme insiste :

— Vieux camarade, soyez tranquille. Elle n'a pas remplacé votre laine par une autre, je vous l'assure. A mon avis, il vaut mieux que vous veniez chez moi. Nous examinerons tout cela de plus près...

— Non, restons plutôt ici, dit encore le vieux. Sous la lumière du soleil on y voit plus clair. Regardez cette couleur...

De la cour, Puxiu a entendu la dispute, il demande à son petit-fils Yuanyuan de le soutenir et, appuyé sur son épaule, il se dirige vers l'entrée — il a presque perdu la vue.

---

1. Nous sommes en 1951, deux ans après l'avènement de la République populaire. Yuqin est restée cinq ans à Tianjin chez Puxiu. La famille, qui a compté jusqu'à une vingtaine de personnes, a vécu jusque-là de la vente des objets de valeur (cent quarante-huit malles) apportés par Puyi de la Cité interdite à la Villa du Repos. A l'exception de Yuqin, Ma Jinglan et les enfants, qui sont dans un dénuement total, tout le monde a mené une vie confortable jusqu'à ce moment.

« Qui se querelle ainsi ? » songe-t-il. Il avance doucement vers le portail et s'arrête.

Yuqin s'est reculée immédiatement sur le côté et, par un signe de la main, elle fait comprendre à Yuanyuan qu'il ne doit rien trahir...

La dispute a repris. On entend à nouveau la canne heurter furieusement les anneaux de fer de la porte. Puxiu sursaute. Il n'a toujours pas compris la raison de ce vacarme.

Dehors, la vieille femme a étalé l'objet du litige sous les yeux de son interlocuteur :

— Regardez. Pour la partie du haut, c'est votre laine, n'est-ce pas ?

— Oui, bien sûr ! reconnaît le vieillard après un examen minutieux.

— Alors, c'est pour le bas qu'on vous l'aurait changée ? Regardez, n'est-ce pas la même couleur ? Regardez...

Le vieil homme hésite, puis il reconnaît, à contrecœur :

— Oui, c'est vrai, c'est... la même.

— Ha, ha... (La femme s'est mise à rire.) Je vous le disais bien que vous aviez la vue troublée ! Encore heureux que vous ne soyez pas entré dans sa maison !

Derrière la porte, Puxiu a les mains tremblantes de colère :

— Quel manque de dignité ! quelle vulgarité !

— C'est fou, de plus en plus fou ! hurle-t-il, une fois rentré dans sa chambre, où sa fureur se déchaîne. Jamais notre famille n'a manqué aux règles comme aujourd'hui ! On vient nous insulter jusqu'à notre porte !

Li Yuqin ne peut plus se contenir. Le courage lui est venu, elle ne sait d'où, et cette fois elle ose prendre la parole :

— Je sais bien que vous n'appréciez pas que je tricote, mais c'est pour gagner un peu d'argent, la famille est dans une telle gêne !

Puxiu laisse là tous les détours. Il fulmine :

— Se faire ainsi injurier à sa porte ! Où est votre dignité de Dame précieuse ? Quelle vulgarité !

— C'est parce qu'il voit mal, c'est un malentendu...

Yuqin veut s'expliquer. Elle s'est approchée tout près de Puxiu, pour qu'il la voie.

— Un malentendu ! Si la Dame précieuse ne s'abaissait pas à ce travail, ce genre d'incident ne se produirait pas !

— Je... je ne peux pas faire autrement !

— Vraiment ? Vous ne pouvez pas ? Les Ancêtres l'ont pourtant dit : mourir de faim c'est peu de chose ; ce qui est grave, c'est de perdre la dignité... Vous ne pouvez pas, vous ne « pouvez » pas ! Je vois, l'hypocrite va se remarier !

— Vous...

Yuqin se sent profondément blessée par l'injustice de l'accusation ! Elle n'arrive plus à dominer sa douleur et se jette sur son lit pour pleurer tout son soûl...

Elle ne restera pas dans cette famille !

La nuit est déjà profonde, la pendule vient de sonner douze coups, Dehors, les grillons des champs ne cessent de chanter, conférant au monde extérieur une apparence de sérénité. A l'intérieur règnent le trouble et la confusion ; les paroles des rêveurs, qui se mêlent aux ronflements, en témoignent. Li Yuqin allume une autre cigarette... Sous le lit qu'elle dresse chaque jour pour la nuit s'entassent les mégots, des petits et des longs...

« Tout espoir est perdu ! se dit-elle. Je ne peux pas retourner à Changchun et d'ailleurs j'ai perdu toute chance d'avoir un travail. Et puis, aucune nouvelle de l'Empereur, jusqu'à présent... J'ai demandé aux voisins d'aller s'informer pour moi auprès de l'Association des femmes, on m'a répondu qu'on ne savait rien. J'ai prié Puxiu d'aller s'informer auprès de Zaitao, son septième oncle, qui est fonctionnaire au gouvernement[1], mais par crainte des ennuis qu'il pourrait s'attirer, il a refusé catégoriquement... » Ne sachant que faire, Yuqin a écrit elle-même à deux dirigeants du Gouvernement central, pour se renseigner sur la situation de Puyi. Cela fait déjà plus d'une année maintenant et toujours pas de réponse... Peut-être a-t-il déjà quitté ce monde ?

Plus Yuqin y pense, plus elle se sent dans une impasse, et une idée lui traverse l'esprit : « Si j'étais comme Ma Jinglan, je serais bien heureuse ! Plus de soucis, plus d'angoisse. Si je pensais trop à maman, je n'aurais qu'à lui envoyer un rêve...

1. Cf. ci-dessus, p. 141, note 1.

Ce serait plus facile aussi de revoir Puyi. S'il est encore en vie, il suffirait de lui inspirer un songe. S'il ne l'est plus, nous serions tous les deux au ciel, ne serait-ce pas mieux?... »

Alors, elle se rappelle qu'on parle souvent d'une certaine mer, la « mer des Dix Monastères[1] », qui n'est pas très loin. Elle se dit que là, au moins, on peut obtenir de se libérer des souffrances humaines, que c'est un endroit où l'on doit atteindre à la quiétude...

Elle est descendue silencieusement de son lit, a glissé un peu d'argent — ses économies — sous l'oreiller de Yuanyuan et rajusté sur le ventre de Lili le drap élimé de sa couchette.

Pendant un moment, elle hésite, allant et venant, auprès des enfants endormis... Mais finalement elle pousse doucement la porte, tire sur elle sans faire aucun bruit le portail de fer de la cour et s'éloigne dans le noir vers le chemin qui conduit à la mer de l'oubli.

---

1. Les trois lacs Shisha. Des temples bouddhistes construits sous les Ming n'y étaient plus que des ruines mais le lieu gardait, semble-t-il, son attrait pour les gens désireux de quitter la vie.

XXI

Dans l'impasse, l'espoir

Li Yuqin avance avec peine, en trébuchant. Des ouvrières de l'équipe de nuit la croient malade et insistent pour la conduire à l'hôpital.

Li Yuqin regarde de droite et de gauche, l'esprit égaré. Un vieillard qui vient prendre le train pense qu'elle a perdu son chemin et propose de l'aider.

Comme Yuqin s'informe de l'endroit où se trouve la « mer des Dix Monastères » auprès d'un jeune gars qui est venu accueillir quelqu'un à la gare, celui-ci conçoit des soupçons et la conduit, sans cesser de sourire, au commissariat de police.

Li Yuqin avance un mensonge : elle habite aux environs du Lac. Mais les camarades du commissariat qu'on charge de la raccompagner dans « sa famille » ne la lâchent pas d'une semelle. Aussi se retrouve-t-elle pour finir dans la petite cour à la chinoise de Nanguanfangkou...

A dater de ce jour, la Dame précieuse du Bonheur se montre de plus en plus indépendante.

Elle retourne souvent au commissariat pour parler de ses problèmes, et chaque fois elle en revient avec un visage heureux.

Elle participe aux réunions qui ont lieu au siège du comité d'habitation du quartier ; ses prises de parole y sont appréciées et soulèvent de vifs applaudissements...

— Je veux assurer ma propre subsistance. Je veux apprendre la couture dans un cours du soir !

Telle est l'exigence que Yuqin présente un beau matin à Puxiu, et avec quelle fermeté ! — une petite bombe atomique larguée dans la famille impériale ! Il en reste stupéfait ! Il ne peut s'abstenir de mander Mademoiselle la Deuxième, autrefois tutrice de la Dame précieuse du Bonheur, et les Troisième et Cinquième sœurs du « Très Haut », pour discuter de cette « affaire d'importance »...

Qui aurait cru que « les renforts » ainsi recrutés n'allaient même pas ouvrir le « feu » sur la Dame précieuse !

— Maintenant qu'on est libéré, les femmes aussi veulent s'émanciper, il faut laisser sortir la Dame précieuse, déclare Mademoiselle la Deuxième, qui a toujours fait preuve d'initiative et n'a pas peur de prendre la parole. Aussi s'est-elle lancée la première.

Gentilles et bienveillantes, les Troisième et Cinquième sœurs[1] ont donné leur avis à leur tour :

— Il est toujours utile d'acquérir quelques connaissances pratiques, il faut qu'elle y aille...

La nostalgie et le regret étreignent Puxiu...

— Vraiment, dit-il, le monde a changé. Comme il a changé... Non seulement la Dame précieuse fait fi des mœurs, coutumes et conventions établies par les Ancêtres, mais voilà que d'authentiques descendantes de la famille impériale apportent leur soutien à cette dégradation ! C'est impensable ! impensable !

À partir de ce jour, la Dame précieuse du Bonheur commence à marcher sur son propre chemin ! Non seulement elle a appris à coudre, mais elle fréquente avec sérieux et application le cours de tricot professionnel de l'Université Furen.

La « Dame impériale » participe désormais à diverses activités sociales ; elle a appelé à la lutte pour défendre la Corée contre les Américains ; elle aide aux collectes pour l'achat d'avions et de canons ; elle se rend chez l'habitant pour procéder aux contrôles de l'hygiène...

Tel l'enfant qui n'a pas mangé à sa faim et aspire à grandes goulées le lait maternel, elle lit toutes les brochures que lui présentent ses camarades et commence à comprendre ce que sont le communisme et le socialisme ; elle court écouter les rapports que font les combattants héroïques à leur retour des champs de bataille de Corée, et elle comprend pourquoi ils

---

1. De Puyi (Madame la Troisième et Madame la Cinquième).

sont « ceux qu'on doit le plus aimer » ; elle court écouter les conférences de la camarade Cai Chang[1] et celles des premières aviatrices de la Chine nouvelle, et elle prend conscience du fait que les femmes doivent jouir des mêmes droits et du même statut que les hommes...

Elle veut à tout prix se rendre utile à la société, elle aspire au bonheur de servir le peuple ! C'est ainsi qu'elle s'engage dans la campagne d'alphabétisation de masse de 1952 : dans la journée, elle va de porte en porte donner des leçons ; ensuite, elle se rend à l'école primaire de Huangchenggen, pour enseigner dans un cours du soir. Au début, chaque fois qu'elle est devant le tableau noir, elle a le trac, c'est pourquoi elle apprend d'abord à ses élèves à chanter. C'est lorsque se termine le chant *Sans le Parti communiste, pas de Chine nouvelle* qu'elle retrouve son calme ! Le travail est épuisant, mais son cœur est plein d'un sentiment de plénitude et de bonheur...

Elle a l'impression que le ciel est si vaste, la terre si étendue, l'air si pur ! Elle commence à se rendre compte à quel point sa vie à la Cour impériale, jadis, était horrible ; elle sait qui l'a tirée de la fosse infernale, elle voit le chemin lumineux qui s'ouvre devant elle... Elle a mille choses à dire au Parti, mille espoirs chaleureux à confier aux personnes chères... Le jour — en 1952 — où elle apprend qu'elle aura la chance de participer au cortège du 1er Mai, que le Président Mao et les autres dirigeants du Comité central passeront en revue, elle a du mal à trouver le sommeil tant son excitation est grande. Elle s'adonne de tout son cœur à la confection des bouquets de fleurs, à la préparation du défilé. Enfin, le grand jour arrive. Elle se lève de très bonne heure. Au moment où le cortège passe devant la porte Tian An Men, sa gorge se noue. Quand elle voit le Président Mao lui faire signe de la main, son sang bouillonne dans son corps et les larmes inondent son visage. Son émotion est telle qu'elle s'évanouit quelques mètres plus loin et on la transporte immédiatement dans une ambulance...

---

1. Cai Chang, une des héroïnes de la Longue Marche et l'épouse du général Li Fuchun.

Mais si elle a le feu au cœur quand elle travaille au-dehors, ce qui l'attend à son retour à la maison c'est une douche glacée ! On l'y traite de « renégate », d'« hypocrite » ; quand elle s'en va le matin, on la lorgne d'un regard mauvais, railleur ; et le soir, quand elle rentre, elle trouve la porte close, ou bien on ne lui a rien laissé à manger...

Cependant cette Li Yuqin nouvelle n'est plus la Dame précieuse du Bonheur. Elle aspire à sa propre libération, elle cherche la voie de l'avenir, elle a déjà acquis une grande force qui la pousse à avancer sur cette voie lumineuse.

« Pourquoi ne pas rentrer à Changchun, se dit-elle, j'y servirais aussi bien le peuple en effectuant le même travail d'alphabétisation ? Je dois absolument sortir de cette cage féodale et me frayer mon propre chemin... »

Alors, avec l'appui de la direction du service d'alphabétisation et l'aide d'une avocate du nom de Zhang, elle fait publier par le *Quotidien de Changchun*, trois jours d'affilée, un avis de recherche concernant ses parents...

Moins de deux semaines plus tard, Li Yuqin reçoit une lettre de son frère aîné !

Son pays natal ne l'a pas oubliée ! Les siens l'appellent !

Elle est entrée à la Cour à quinze ans, elle quitte la famille de Puxiu à vingt-cinq, au terme de dix années, dix années tortueuses et mouvementées où elle a dû subir toutes les tempêtes de l'époque[1]...

Mais elle n'a tout de même que vingt-cinq ans, l'âge d'or ! Elle a encore devant elle un long chemin de vie, qui peut la conduire très loin, très loin.

Mais qui sait comment sera ce chemin ?

---

1. Nous sommes en 1952. Le lecteur peut se demander si Yuqin a fini par abandonner les enfants. Il n'en est rien, mais après ces six ans passés auprès d'eux elle pense impossible de les enlever à Puxiu, qui devient aveugle. D'autre part, la situation de la famille s'est considérablement améliorée (quoique les deux garçons soient les derniers à en profiter) par le fait que Puxiu reçoit un salaire de la République populaire de Chine pour un emploi de documentaliste. Yuqin note, non sans amertume, qu'elle-même attendra trois ans avant qu'on cesse de lui refuser tout travail. Il en sera de même pour Yuyan à sa libération.

XXII

Le dur apprentissage de la vie

Affrontant le vent glacial et la neige, dans son pantalon ouaté tout rapetassé et un vieux gros manteau bien ample, sa couverture sous le bras, avec tout un paquet de manuels d'alphabétisation, Yuqin rentre le 29 décembre dans son pays natal — Changchun. Elle a emporté aussi le peigne de Puyi, sa pommade et sa serviette. A part son père, qui est mort entre-temps, elle revoit tous les siens.

La famille est partagée entre la joie et la tristesse. A la veille de cette grande fête qui réunit traditionnellement tous les membres de la famille dans ce logis de deux pièces et demie, les pleurs font office de salutations, les regards affectueux remplacent les effusions...

La mère pleure de voir sa fille si maigre, son frère et sa belle-sœur pleurent sur sa situation misérable, ses sœurs pleurent sur ses dix ans de souffrance, et Yuqin pleure d'avoir perdu son père...

Elle a maintenant échangé ses lourdes chaussures ouatées contre des souliers de tissu à lacets, et elle marche sur une terre où commencent à sortir les premières pousses du printemps. Elle se rend aujourd'hui au bureau municipal de son quartier d'habitation et franchit la porte.

Son vœu le plus cher, en effet, c'est de trouver à employer l'énergie qui bouillonne en elle, de partir en quête d'un idéal, de le trouver, de devenir aussi radieuse que les autres jeunes... Elle veut de toute son âme emprunter une voie qui lui permette de vivre de son travail, une voie qui conduise à la Révolution. Mais ce n'est pas un chemin uni et direct...

Parce qu'elle est « la femme de l'Empereur », personne ne veut l'embaucher... Un jour, cependant, contre toute attente, on l'engage à la crèche d'une grande usine, à titre temporaire.

Elle s'y rend, quasiment folle de joie, et se consacre à sa tâche, dans l'oubli total de soi-même. Les parents lui font confiance, les enfants l'adorent, ses collègues l'apprécient, la direction prend soin de ses intérêts...

Un jour que Li Yuqin est en train de chanter avec le groupe des plus âgés, elle voit soudain arriver Grande sœur Guan, la directrice de la crèche, le visage radieux.

— Tante Li! Tante Li[1]! (La directrice s'est approchée de Li Yuqin et lui chuchote à l'oreille :) Il y a une bonne nouvelle pour toi, une très bonne!

— De quoi s'agit-il? demande Li Yuqin, qui est maintenant coiffée de deux nattes.

Elle s'est levée, une de ses mains continue à battre la mesure pour les enfants.

— Regarde! (La directrice de la crèche lui tend un formulaire à remplir.) C'est pour ta titularisation.

Li Yuqin a saisi le feuillet et le lit attentivement, si émue qu'elle est incapable de prononcer un mot. Elle se jette dans les bras de la directrice...

— Qu'est-ce qu'elle a, Tante Li? demande une fillette, le nez en l'air, une petite bonne femme avec un nœud papillon dans les cheveux et une colombe imprimée sur le devant de son tablier.

— Petits amis[2], j'ai une bonne nouvelle à vous annoncer! dit la directrice du ton qu'elle emploierait pour s'adresser à des adultes. Dites-moi: vous aimez Tante Li?

— Oui! Oui! crient les enfants d'une seule voix.

— Bon. (La directrice se penche vers eux et, soulignant sa parole d'un geste, décrète:) Eh bien, à partir d'aujourd'hui, Tante Li restera toujours avec vous!

Joie et vacarme, les enfants piaffent et applaudissent à qui mieux mieux. Les collègues de Yuqin rejoignent le groupe. Elles la félicitent et l'embrassent...

Ciel bleu, nuages blancs. Les oiseaux chantent gaiement

1. « Tante, oncle », les enfants désignent ainsi les grandes personnes de la génération de leurs parents. La directrice emploie ici le nom que ses petits élèves donnent à Yuqin.
2. Une façon courante de s'adresser aux enfants.

dans les branches, des abeilles s'affairent autour des fleurs, les libellules tournoient au-dessus des étangs, un bel arc-en-ciel scintille à travers le jet d'eau...

Yuqin s'en revient, balançant son sac, elle court comme une gamine sur les trottoirs, elle court le long des sentiers qui bordent la place, elle court sous l'ombrage des arbres. Elle a tellement hâte d'annoncer la nouvelle à sa mère, à son frère, à ses sœurs aînées, à la petite sœur, à tous les siens ! Et dans son cœur, aussi, elle en informe celui auquel elle pense jour et nuit, Puyi.

Sa mère, émue, fête la bonne nouvelle en préparant des raviolis ; sa sœur la félicite et lui offre un foulard ; sa voisine, heureuse pour elle, l'invite au cinéma ; ses amies partagent sa joie, et le dimanche suivant elle passe avec elles une journée entière dans le parc.

Le matin, sur le parterre de fleurs devant la crèche, les rayons du soleil font scintiller des perles de rosée. Ils baignent de lumière l'intérieur de la pièce où s'alignent les jouets neufs... Enveloppée de ces rayons, Li Yuqin frotte avec énergie le plancher laqué de rouge, et la rosée de la sueur roule en perles sur son visage rayonnant de santé et du dynamisme de la jeunesse...

Les enfants arrivent les uns après les autres, accompagnés par leurs parents, et les institutrices, en blouses blanches, entament leur journée active et passionnante. L'une d'elles vient trouver Yuqin :

— Grande sœur Li !

Li Yuqin, assise devant l'accordéon, allait justement commencer la leçon de chant.

— Grande sœur Li, tu es appelée au Service du personnel !

— Maintenant ?

— Oui, maintenant. (La collègue de Yuqin, une petite jeune femme rondelette, ajoute avec un sourire mystérieux :) Il s'agit sûrement de régler ta titularisation ! Tu sais, c'est comme pour l'adhésion au Parti ou à la Ligue de la jeunesse, on vous convoque pour un entretien, on vous exhorte à bien faire, après quoi on vous demande d'exprimer la fermeté de votre engagement !

— Oh, mais de quoi vais-je parler? demande Yuqin, anxieuse. De quoi vais-je parler?

— Tu diras que tu remercies les organisations et le Parti, que tu travailleras encore mieux pour l'édification de la Chine nouvelle, que tu es prête à offrir toute ta jeunesse et... toute ta force...

Yuqin s'est levée, la petite collègue rondelette s'est installée à sa place.

— Le miel coule de tes lèvres, dit Yuqin.

— Comment ça, le miel? Non! Mais je mange volontiers des bonbons! (Elle pointe son index sur Yuqin.) Si l'affaire est réglée, ajoute-t-elle, n'oublie pas d'en rapporter!

— Promis!

Li Yuqin frappe de sa main droite dans celle de sa collègue, tandis que, de l'autre, elle tapote ses bonnes joues rondes et fraîches. Et la voilà partie.

Derrière elle, le chant des enfants et l'accompagnement de l'accordéon lui parviennent par bouffées: « Mon petit pigeon, ah! que tu es beau... »

Li Yuqin a des ailes aux talons et le cœur gonflé de douceur. Quand elle passe devant la petite boutique de l'usine, au bord de l'artère intérieure principale, elle se rappelle la recommandation de sa jeune collègue: « J'aime bien les bonbons... n'oublie pas d'en rapporter... » Et comme Yuqin a peur d'oublier au retour, elle entre tout de suite dans le magasin...

Elle est maintenant dans le bâtiment administratif de l'usine et longe une petite salle de réunion dont la porte est ouverte. Elle y aperçoit un buste du Président Mao sur un socle drapé de velours rouge. Comme elle ne voit personne dans le couloir ni dans la salle de réunion, elle se glisse rapidement à l'intérieur et, debout, dans l'attitude réglementaire traduisant le plus rigoureux respect, elle s'incline trois fois devant le buste. Après quoi, elle se sauve à toute vitesse...

Devant la porte du Service du personnel, Li Yuqin s'arrête, car les battements de son cœur redoublent de violence! Après être restée là un bon moment afin de

153

retrouver son calme, après avoir arrangé de la main ses cheveux, elle s'apprête à frapper à la porte quand elle entend par l'entrebâillement des propos qu'échangent deux voix, l'une féminine, l'autre masculine.

— Je suis vraiment surpris qu'on ait laissé quelqu'un comme Li Yuqin si longtemps dans la crèche... (C'est la voix de l'homme, un homme convaincu, sûr de lui, expérimenté.) Ce qui est encore plus surprenant, c'est que tu veuilles la titulariser...

— Si l'on considère sa conduite, et aussi les besoins de l'usine, elle remplit à notre avis les conditions requises pour être titularisée...

Yuqin a reconnu la voix de la directrice de la crèche, Grande sœur Guan.

— Mais ce n'est pas un poste pour une personne comme elle... Une crèche est un lieu important, c'est le jardin où l'on prend soin des espérances de la patrie !...

— Li Yuqin est jeune, elle a une bonne origine familiale. Quant aux problèmes qui ont entaché une partie de sa vie, elle a été, elle aussi, une victime, elle a été sacrifiée...

— Parmi ceux qui ont une bonne origine sociale, il y a aussi des contre-révolutionnaires... Quand on porte le titre de Concubine impériale, peut-on prétendre faire partie des gens ordinaires ?

— J'assume ma responsabilité, quoi qu'il arrive !

— Tu assumes ta responsabilité, dis-tu ? Comment peux-tu « assumer la responsabilité » de ce qui peut « arriver » à tant d'enfants ? Tu es membre du Parti, il faut que tu fasses attention à la place que tu occupes !... Je t'ai déjà communiqué ma décision avant-hier, mais tu ne l'as pas congédiée, et aujourd'hui, tu reviens plaider en sa faveur !... Bon, bon, ça suffit ! Elle va arriver d'un instant à l'autre. Si tu ne veux pas parler, je le ferai moi-même !

Li Yuqin, appuyée au chambranle de la porte, tremble de tout son corps, les jambes coupées, les paumes moites. Elle ne peut plus ni reculer ni avancer...

— Si on ne peut la titulariser, elle va continuer à travailler à titre temporaire ?

154

— Arrêtons là notre discussion, car si tu t'obstines nous serons obligés de nous demander si tu es à ta place à ton poste de directrice de la crèche...

Yuqin ne peut plus supporter la situation. Elle a poussé brutalement la porte. Dans le brouillard qui recouvre ses yeux, elle ne voit pas le visage de son interlocuteur, juste une silhouette derrière la table, vers laquelle elle se tourne pour adresser la salutation d'usage:

— Directeur! dit-elle. Vous vouliez me parler?... Il se trouve que je ne veux plus travailler ici. Je m'en vais tout de suite, tout de suite...

Elle salue encore une fois, et se retire au pas de course...

Elle ne sait pas comment elle est retournée dans sa chambre. Quoiqu'elle soit consciente d'avoir reçu un coup particulièrement dur et inattendu, elle n'a pas versé une larme, car les obstacles déjà rencontrés sur son chemin ont beaucoup endurci sa volonté, les déceptions qu'elle a subies dans ses efforts pour découvrir une possibilité d'existence lui ont appris qu'il faut enterrer ses chagrins dans son cœur. Elle n'est plus du tout la jeune fille naïve qu'elle était à sa sortie de la Cour impériale, encore moins la « Dame précieuse du Bonheur » qui vivait chez Puxiu !

Elle prépare silencieusement ses bagages. A la pensée qu'il lui faut rejoindre l'étroit logis de deux pièces où s'entassent les siens, à l'idée de l'embarras qu'elle sera à nouveau pour son frère et sa belle-sœur, des soupirs qu'elle va arracher à sa mère, elle tombe dans un abîme de souffrance. A la perspective de courir chaque jour au bureau d'embauche pour quémander du travail, elle se dit que sa position est de beaucoup inférieure à celle de tout le monde. Combien elle regrette le temps passé ici! Ces quelques mois ont suffi à lui donner le sentiment d'être libre; comme un être humain véritable. Comme l'ambiance ici était chaleureuse! Elle se souvient de sa première paie, de tous ces projets d'achats qu'elle a faits ce jour-là pour sa mère, pour son frère et sa femme, pour sa petite sœur. Elle pensait aussi acheter quelque chose pour Yuanyuan et Lili... Mais ne voilà-t-il pas que, peu de temps après — dans un moment d'étourderie causée par la joie —, elle perd son argent! Ses collègues, comprenant sa déception, se sont alors cotisées pour reconstituer exactement son salaire du premier mois! Et maintenant elle doit s'en aller. Quelle tristesse!

Yuqin a pris son mince bagage sous le bras et quitté le dortoir. Elle repasse par la petite salle de la crèche, où elle rentre discrètement. Les institutrices s'interrompent et la regardent sans mot dire. Yuqin enlève sa blouse de travail et l'accroche à sa place; elle a pour ce vêtement un geste de tendresse, l'effleure du haut en bas comme pour un adieu et, tout à coup, elle aperçoit le paquet de bonbons dans la poche... Un court instant de réflexion et elle le sort. Elle distribue les friandises aux enfants qui la regardent, surpris, et fourre le reste du sachet dans les mains de la petite maîtresse rondelette.

La jeune femme, en recevant les bonbons, s'est mise à pleurer...

Yuqin attrape son bagage et son petit sac à main. Elle gagne la porte. Les enfants serrent toujours leur bonbon dans leurs doigts, aucun ne l'a mis à la bouche. Ils la regardent, on dirait un « hommage des yeux », c'est leur adieu muet...

Dehors, la porte de la crèche à peine franchie, elle entend qu'on l'appelle:

— Yuqin! Je t'accompagne!

C'est la directrice, Grande sœur Guan, qui accourt vers elle...

XXIII

Puyi, où es-tu ?

Li Yuqin a remis des chaussures de tissu à lacets et foule à nouveau la terre où commencent à pousser les herbes du printemps. Puis les chaussures de tissu sont remplacées par d'autres, en caoutchouc, comme en portent les soldats — rapiécées. Elle marche sur la grand-route où l'eau des flaques gicle à chaque pas. A ses souliers militaires succèdent des « tennis » à tige montante, et elle marche sur des places · jonchées de feuilles que soulève le vent. Les « tennis » disparaissent à leur tour, remplacés par de vieux chaussons ouatés à gros bout ; elle marche dans des ruelles couvertes de glace et de neige... Et toujours elle entre dans les bureaux des comités de quartier, frappe au portail du Bureau du Travail municipal...

De 1953 à 1956, Li Yuqin n'a pas cessé de courir ainsi dans tous les sens. Durant cette période, elle a trouvé des travaux temporaires. Elle a, entre autres choses, trié des cacahuètes, empaqueté des bonbons dans une usine de produits alimentaires, lavé des bouteilles, emballé des médicaments dans une fabrique de produits pharmaceutiques ; elle a été embauchée aussi comme balayeuse de quartier, puis comme ouvrière dans une imprimerie... Mais c'était toujours pour des périodes très courtes, quelques mois au plus, parfois seulement quelques jours, car dès qu'on était au courant de son « identité » on la remerciait...

Elle pense à Puyi. Elle cherche partout un moyen d'avoir de ses nouvelles... Au cours de l'été 1954, elle vient à Pékin, au siège du Gouvernement central du peuple, elle est bien décidée à voir le Président Mao en personne, et le Premier ministre Zhou[1], et à obtenir de ces hautes personnalités, respectées et aimées, des informations sûres concernant Puyi ; elle attend là-bas toute une journée sans rien d'autre pour se restaurer que quelques biscuits enveloppés dans son mouchoir...

Par la suite, elle est allée encore une fois à Pékin, sans plus de résultat.

Partie riche d'espoir, elle s'en revient déçue.

Puyi, où es-tu ?

— Puyi !

Un jeune homme de haute taille, avec un visage aux traits réguliers, entre dans la pièce où se trouve l'ancien Empereur. Il tient à la main un bout de papier.

Un homme à lunettes est là. La cinquantaine, des cheveux blancs, un numéro matricule, « 981 », sur la poitrine. Il pose aussitôt le livre qu'il avait à la main et se lève :

— Je suis ici.

— On a trouvé l'adresse de votre femme ! dit en souriant Li, l'employé chargé des études des prisonniers.

Puyi a pris le papier et lit l'adresse qui y est inscrite. Ses yeux sont brûlants de larmes contenues. Il est surpris par la nouvelle, tellement inattendue.

— Ma femme ? Li Yuqin ?

— Elle vous attend toujours ! lui dit Li, toujours souriant. Dépêchez-vous de lui répondre...

Les compagnons de cellule de Puyi se bousculent pour lire le feuillet qui vient de lui être remis. Tous adressent leurs félicitations à « Vieux Pu »...

Puyi lit et relit longuement l'adresse. Il a sorti de sa poche un portefeuille de cuir marron, dans lequel il glisse le papier soigneusement.

À la vue de ce portefeuille, Puyi est pris d'une violente émotion...

---

1. Zhou Enlai.

158

Depuis le jour où il l'a quittée, à la vallée des Marronniers, douze ans ne se sont-ils pas écoulés[1] ? Il est interné dans le camp 45 de Boli, où chaque jour il s'appesantit sur l'incertitude de son propre avenir mais songe également aux personnes auxquelles il se doit de penser. Naturellement Wanrong est exclue de ses préoccupations. Les noces célébrées dans la Cité interdite avaient été somptueuses et solennelles, après le mariage et pendant leur séjour à Tianjin ils ont été très unis. Mais, par la suite, c'est bien elle qui a fait partir la bien-aimée Wenxiu, après quoi elle a commis cet acte qu'il n'a pu pardonner[2] et dont il l'a punie en la reléguant dans l'aile du pavillon Qixi vers le milieu des années trente. Depuis, plus rien entre lui et elle. On dit même qu'elle n'est plus de ce monde...

Et Wenxiu[3] ? Elle lui plaisait beaucoup, mais il y avait eu à Tianjin le scandale qu'elle avait provoqué avec ce divorce, dont les échos en Chine et à l'étranger le font rougir aujourd'hui encore. Ce furent autant de coups portés au respect

1. Dix en réalité. Puyi a été rendu à la Chine par l'URSS le 31 juillet 1950 et transféré successivement dans plusieurs prisons militaires. Boli est situé au confluent du Heilongjiang et de l'Oussouri, territoire chinois autrefois annexé par le Tsar et depuis restitué par l'URSS.

2. A Tianjin en 1935, Wenxiu, excédée par l'attitude de Wanrong à son égard, prenant conscience de sa situation d'épouse d'un mari impuissant qui n'est même plus Empereur, a demandé et obtenu le divorce (ce dont Puyi la punit en lui retirant ses titres de noblesse). Par la suite Puyi délaisse tout à fait Wanrong, qui s'adonne à l'opium et prend pour amants successifs deux jeunes officiers de la garde personnelle de l'Empereur (les seuls hommes qui puissent approcher d'elle). Enceinte, elle supplie Puyi de lui accorder le divorce, ou du moins de laisser l'enfant naître au Palais, après quoi il sera remis à la famille de Wanrong, à l'extérieur. Les Japonais refusent tout, mais on laisse croire à Wanrong que sa seconde proposition est acceptée. Une petite fille vient au monde dans la résidence impériale, qui est « sur ordre de Puyi, dans la demi-heure qui suit sa naissance, jetée dans le foyer de la chaudière ». Wanrong enverra de l'argent à son frère pour l'enfant qu'il est censé élever, tant qu'elle-même sera en vie. Elle meurt en 1946 dans les conditions que l'on sait (cf. p. 122, note 1).

3. Cf. ci-dessus p. 14. Après son divorce, mise au ban de sa propre famille qui s'est chargée de dépenser l'argent arraché à Puyi, Wenxiu subsiste en fondant une école à laquelle elle se consacrera toute sa vie. Elle meurt en 1950.

de l'Empereur, autant de souffrances qu'il revit chaque fois qu'il y pense! D'ailleurs, après le divorce, pour la punir, il a tout de suite promulgué contre elle un édit de « retrait de noblesse ». En conséquence, l'Empereur ne peut plus avoir aucune relation avec elle, devenue une personne du commun.

Et Tan Yuling[1] ? Il pense à elle, il y pense. Elle était si polie, si douce, si attentive, elle comprenait tant de choses. Elle partageait ses opinions, ils s'entendaient si bien... Pour mieux penser à elle, il a même renoncé à la photographie de Johnston[2], son maître d'anglais à la Cité interdite, ne gardant que ce portefeuille de cuir qu'il tient d'elle, où il a rangé sa photo et un sachet qui contient ses ongles — on les lui avait coupés alors qu'elle allait mourir... Mais tout cela n'est que souvenirs, il y a si longtemps qu'elle n'est plus de ce monde...

Quand on est dans une situation pénible, il est facile de « comprendre » les autres et on désire ardemment la présence de quelqu'un sur qui s'appuyer. Puyi n'a pas de fils ni de fille ; pour épouse, il n'a plus que la Dame précieuse du Bonheur ! C'est vrai qu'il l'a fait entrer à la Cour pour déjouer les ruses des Japonais, c'est vrai aussi qu'au début il a été particulièrement dur à son égard, sourd à ses prières. Néanmoins, elle est sa femme, et doit se trouver maintenant dans le plein éclat de sa jeunesse... La nuit, lorsque tout devient silencieux, dans les moments où, le dos contre le mur, il se livre au « repentir », il revoit le visage de la Dame précieuse du Bonheur, sa pensée s'attache à elle, il voudrait tant savoir ce qu'elle est devenue ! Si seulement il avait aussi une photo d'elle dans son portefeuille !

---

1. Cf. ci-dessus p. 48.
2. Sir Reginald Fleming Johnston, Ecossais, diplômé de littérature de l'Université d'Oxford, gouverneur des « Territoires britanniques de l'Est de la Chine », avait été détaché par le ministère britannique des Colonies au poste de précepteur de Puyi. Ce dernier lui fut longtemps très attaché et gardait sa photographie avec lui, dans son bagage de prisonnier, mais il semble que le livre écrit par Johnston à son retour en Grande-Bretagne (*Twilight in the Forbidden City*), par les précisions qu'il donnait sur les faits passés et les dispositions d'esprit du jeune Empereur alors qu'il était son élève, ait plutôt desservi par la suite le prisonnier du Camp des criminels de guerre.

Une nouvelle a mis fin à son attente. C'est Saga Hiro qui, de retour au Japon à la fin de la guerre, la lui a fait parvenir dans une lettre adressée à son mari Pujie : la Dame précieuse s'est remariée !

« Est-ce possible ? » se demande Puyi. Il a tant de bonnes raisons d'y croire, comme de ne pas y croire. C'est vraiment une question difficile à trancher. C'est pour cette raison qu'il a constamment cherché à l'éclaircir depuis son retour d'URSS en août 1950 et son arrivée à Fushun[1], mais ce n'est pas aisé ! Les premières années, il était interdit aux prisonniers de communiquer avec leurs parents, si bien qu'il n'a eu aucune nouvelle. Mais, en juin 1955, la fille de Pujie, Husheng[2], qui avait alors douze ou treize ans, a « sauvé la situation » en écrivant courageusement une lettre au Premier ministre Zhou, où elle demandait à rencontrer son père. Le Premier ministre, toujours compréhensif et généreux, avait tout de suite accordé l'autorisation, donnant même des instructions pour que tous les prisonniers de guerre puissent désormais correspondre avec leurs parents ! Cette nouvelle avait provoqué dans le camp des explosions de bonheur et réchauffé le cœur de tout le monde ! Les autorités du camp ont encouragé les détenus à écrire à leurs parents, et proposé d'entamer des recherches pour retrouver ceux dont on avait perdu la trace. C'est ainsi que l'adresse de Li Yuqin a été apportée un beau matin à Puyi.

Aussitôt, il envoie une première lettre, et attend la réponse en comptant les jours, s'efforçant de deviner ce que sera son contenu. Tout à coup il a peur, il revoit ce vieux général du Mandchoukouo recevant des nouvelles de son fils, fou de joie en ouvrant l'enveloppe. Il s'attendait à lire quelque chose

---

1. Dans l'est de la province du Liaoning. Puyi y a été transféré avec ses compagnons en 1954 en vue de l'instruction du procès des criminels de guerre du Mandchoukouo.

2. Huisheng, fille de Pujie et de Saga Hiro, a été élevée au Japon. En 1957, lorsqu'elle apprend que ses parents (sa mère, de haute noblesse japonaise alliée à la famille impériale ; son père, frère de Puyi et prisonnier avec lui) vont s'opposer à son mariage avec le jeune homme qu'elle aime, un étudiant de philosophie de l'Institut où elle-même fait ses études, les deux jeunes gens bravent l'interdit en se donnant la mort ensemble.

comme « Père... » suivi de l'expression renouvelée de sa tendresse, mais la lettre commençait en ces termes : « Monsieur Zhang : excusez-moi, je ne puis vous appeler autrement... » et quand le vieux Zhang est arrivé au terme de sa lecture, peu s'en est fallu qu'on ne l'envoyât dans un hôpital psychiatrique. En revivant la scène, Puyi est bouleversé. Comment Li Yuqin va-t-elle le traiter, lui qui est si coupable à son égard ?

Une lettre arrive. Mais elle n'est pas de Li Yuqin : le message de Puyi est revenu avec la mention : « destinataire inconnu » ! Puyi est profondément déçu...

Un jour, cependant, durant la promenade, il rencontre le chef du camp.

— Comment cela va-t-il ? demande ce dernier. Avez-vous la réponse de Li Yuqin ?

— Je remercie le gouvernement pour sa bienveillance à mon égard, dit Puyi, mais la lettre m'a été retournée. Li Yuqin est certainement remariée.

— Non, c'est impossible, déclare le Chef d'un ton très sûr. Nous avons fait une enquête, elle n'est pas remariée, c'est sûr. Si votre lettre est revenue, c'est sûrement que l'adresse est inexacte !

— Que faut-il faire dans ce cas ? dit Puyi, embarrassé.

— Ecrivez à votre plus jeune sœur, elle a sûrement la bonne adresse, lui suggère le Chef.

Puyi reprend courage et écrit aussitôt à Madame la Cinquième, qui demeure à Pékin, au numéro 6 de la ruelle Qianjing, sur la rue Xisi.

La réponse ne se fait pas attendre ; elle apporte en effet le renseignement exact.

Le feu de l'espoir se ranime dans le cœur de Puyi : il envoie une deuxième lettre à Changchun !

Il attend la réponse de seconde en seconde...

Et, enfin, Puyi a sous les yeux un message qui le comble de bonheur :

Mon cher Puyi :
Enfin, j'ai reçu la lettre de l'homme auquel je pense depuis dix ans. J'en suis si heureuse que je ne sais que

faire. J'ai peur aussi que ce ne soit un rêve. Mais votre Cinquième sœur, de Pékin, m'a confirmé la nouvelle si précieuse. Oui, c'est bien la lettre de la personne à qui je pense jour et nuit...

Le début de cette missive d'environ six à sept pages est tout entier consacré à l'expression de son amour ! Yuqin y raconte comment, tout au long de ces dix ans, elle a utilisé tous les moyens possibles pour retrouver la trace de Puyi. Elle dit combien elle a souffert de l'absence de nouvelles et que cette souffrance est inexprimable. « Mais je gardais au cœur le sentiment qu'il n'était pas possible que je ne vous revoie plus jamais... Jour après jour, mois après mois, un an après un autre, dix ans d'une attente si longue se sont écoulés et, enfin, ce moment arrive. D'abord, il faut saluer la bienveillance et la générosité du gouvernement, grâce auquel nous pouvons à nouveau nous écrire ! » Yuqin ajoute qu'elle le remercie de se souvenir encore d'elle : « Comme j'en suis heureuse ! »

Puyi poursuit sa lecture, des vagues de tendresse assiègent son cœur. Mais lui-même ne sait pas bien quel sentiment l'habite ! En même temps, tout en lisant, il ne cesse de penser : est-ce que cela émane vraiment de cette fille de quinze ans qu'il a connue au palais ? Jadis, quand elle était devant lui, il y avait de la crainte dans son admiration, de la prudence dans son obéissance. A cette époque, il se fâchait souvent contre elle, pour un oui ou pour un non, et elle s'agenouillait devant lui, épouvantée, pour lui demander pardon. Il se souvient également que, en la soumettant « aux interdictions et aux cinq défenses », il l'a privée de tout contact avec l'extérieur ; même quand son père est venu la voir, il ne l'a pas autorisé à manger à la Cour ; parce qu'elle avait donné quelques pommes à un garçon de cuisine, elle a essuyé une dure réprimande ; pour avoir plaisanté avec les femmes de ses neveux, elle a reçu les pires injures...

Pour la première fois de sa vie, Puyi a l'impression d'avoir une épouse ! Jadis, des « Dames », des « Dames précieuses », il en avait beaucoup. Vis-à-vis d'elle, il ne s'est jamais comporté en mari. Elle l'appelait en ce temps-là « Votre

Majesté », il lui avait interdit d'employer le « vous » ou le « tu ». Et maintenant, quand il lit tous ces « vous » qui se suivent, voici qu'il les ressent comme autant de témoignages de tendresse! Il n'a jamais reçu d'amour, mais on dirait que cette chose inconnue est brusquement venue à lui...

Puyi continue sa lecture, où s'exprime l'amour de Yuqin, mais qui lui apprend aussi beaucoup de ce qui s'est passé depuis leur séparation.

Cette longue lettre a apporté un doux plaisir à l'Empereur déchu, mais en même temps de la honte. Il a l'impression que l'émotion qu'elle suscite en lui n'est pas moins forte et moins complexe que celle qui a envahi son cœur lors de sa deuxième accession au trône[1]!

Avant même que cette haute vague d'amour ait eu le temps de refluer, Li Yuqin a déjà envoyé une seconde lettre, adressée cette fois à Pujie qui est dans le même camp que Puyi. Soucieuse, elle lui demande si son frère a bien reçu son message et le prie aussi de l'informer qu'elle va venir très prochainement à Fushun.

---

1. Lorsque les Japonais ont créé pour lui l'Empire du Mandchoukouo.

XXIV

Rencontre dans le camp Fushun

Li Yuqin a emprunté un peu d'argent et sans tarder elle prend le train qui descend vers le Sud. Comme il faut changer de ligne à Shenyang, elle s'y arrête dans une petite auberge.

En juillet, il fait déjà une chaleur écrasante et, dans cette petite pièce, s'entassent huit voyageurs. La sueur lui coule par tout le corps...

Yuqin a déposé son petit sac à côté de son oreiller. Il contient des mouchoirs, des chaussettes, des bonbons, des gâteaux, des carnets, une photo d'elle et même une paire de chaussures de tissu qu'elle a fabriquées en travaillant plusieurs jours et plusieurs nuits d'affilée.

Allongée sur le lit, elle serre doucement ce sac... Il a fallu douze ans pour qu'elle reçoive une lettre de lui, une lettre qui est venue bien tard! — mais enfin, tout de même, elle est arrivée! Yuqin se souvient de ce moment où elle l'a ouverte, de sa joie et de sa tristesse, de ses larmes qui ne cessaient pas de couler. Et sa mère qui pleurait aussi! Maintenant ce qui reste à rêver, c'est la réalité! Demain, quel beau jour ce sera, elle pourra enfin le voir...

Li Yuqin est assise dans la pièce du Camp des prisonniers de guerre, qui, ancienne « cellule d'interrogatoire[1] », a été aménagée en « Parloir pour les visiteurs ». Son cœur bat très fort et son regard est braqué sur la porte et, au-delà, sur la cour. Elle attend l'homme qui lui a apporté tant de souffrances et de malheur ; elle attend un homme qui ne lui a pas donné d'amour, mais qui, sur le plan juridique et moral, est

---

1. Dans le Camp de Fushun, les Japonais incarcéraient et « questionnaient » les résistants.

son mari ; elle attend un homme rejeté par l'Histoire, mais en qui elle met son espoir, à qui elle a attaché sa pensée...

Dans le couloir, des bruits de pas. Le cœur de Yuqin bat à se rompre. Elle se lève doucement du fauteuil...

La porte s'est ouverte. Un vieillard est là, l'air timide, avec des lunettes de myope, des cheveux mêlés de fils blancs. Il s'approche d'elle...

Qui est-ce ? Puyi ? A l'époque où ils ont été séparés, il avait à peine trente-neuf ans, le bel âge ! A la Cour impériale, avec son costume soigné, ses cheveux brillants, ses traits délicats et lisses, on lui aurait donné moins de la trentaine... Son air majestueux d'Empereur, son prestige de général, son assurance de savant inspiraient à la petite fille qu'elle était un tel respect qu'ils la précipitaient à terre, convaincue de toute son âme qu'il était le Fils du Ciel, l'incarnation de Sa volonté, le Dieu tout-puissant de la terre !...

Est-ce le calme venu avec la maturité ? Est-ce le changement qu'a subi sa pensée, ou est-ce le détachement résultant d'une si longue séparation ? Yuqin a l'impression qu'il a terriblement vieilli — il ne ressemble pas du tout à un homme qui vient de dépasser les cinquante ans.

— Puyi a une bonne santé et un bon appétit, dit en souriant le militaire qui a amené Puyi dans le parloir. Il se comporte bien, il progresse dans sa réforme... Mais vous ne disposez que d'une heure, profitez-en !

Et il se retire aussitôt.

C'est en fait une parole bien intentionnée, mais Yuqin reconnaît le ton qu'on emploie à l'égard des prisonniers. Elle se rappelle tout à coup l'écriteau suspendu à l'entrée[1] ; et, alors seulement, elle comprend qui est cet homme devant elle, en quel lieu se produit leur rencontre...

Elle regarde son visage en souriant, sans prononcer un seul mot, elle ne le voit plus qu'à travers le brouillard de ses larmes...

Puyi tarde à réagir. Il lui faut un moment avant de penser, complètement désemparé, à la faire asseoir sur le sofa, et il ne cesse de répéter :

---

1. « Camp des criminels de guerre ».

— Ne pleure plus, ne pleure plus... et, ce disant, il s'est mis lui-même à pleurer...

— Est-ce un rêve?... Nous voici finalement réunis..., dit Yuqin, qui sanglote et s'essuie les yeux.

— Nous nous sommes enfin revus, oui, j'en suis très content...

L'émotion fait jaillir ces paroles de la bouche de Puyi par saccades, comme des balles.

— Pendant ces dix ans, je t'ai attendu, je n'ai pensé qu'à toi, je te cherchais... mais pas la moindre nouvelle...

Plus elle raconte, plus elle se sent blessée par ces années de souffrances ; elle voudrait tout exprimer d'un seul coup, mais ses pensées se bousculent dans sa gorge, et l'obligent à se taire...

— Oui, moi aussi j'ai pensé tout le temps à toi. Quand j'étais en URSS, on m'a annoncé à ton sujet une mauvaise nouvelle[1]. (Puyi reprend son calme.) Mais enfin nous nous revoyons...

— Comment se fait-il que tu aies déjà des cheveux blancs? Que tu aies tellement vieilli? (Yuqin s'efforce de retenir ses larmes — elles n'ont que trop coulé ces derniers temps —, elle s'essuie les yeux, regarde le visage de Puyi avec tendresse:) Est-ce vrai que tu te portes bien?

— Pas trop mal, pas trop mal...

Puyi a des milliers de choses à lui dire, mais il ne sait par où commencer. Ce qui l'attendrit profondément, c'est qu'elle l'ait attendu si longtemps, qu'elle ait sacrifié le meilleur de sa vie pour lui. Il ne cesse de répéter:

— Je suis un criminel, j'ai commis des fautes envers le peuple, envers toi... je t'en demande pardon, j'en demande pardon au peuple... Je suis désolé, Yuqin, ces dernières années, tu as énormément souffert à cause de moi...

Ce qui lui pèse sur le cœur depuis des années, il n'y a qu'à lui qu'elle puisse le raconter, c'est ce qu'elle fait en toute hâte! Mais elle est obligée de résumer ce qui s'est passé après leur séparation...

---

1. Pujie avait reçu une lettre de sa femme, où elle disait que Yuqin avait « changé de maison ». Puyi en fut très troublé : pourquoi Hiro aurait-elle menti ?

Puyi n'arrive pas à en croire ses yeux. Cette personne en face de lui, est-ce vraiment la petite demoiselle d'autrefois, naïve et mignonne avec son *qipao*[1] de brocart et sa poupée étrangère dans les bras ? Avec son visage sans fards, sa veste de coton à carreaux bleus, elle paraît si simple, mais si pleine de vie et de dynamisme : ces deux petites nattes sur les épaules, la coupe parfaite du visage, les sourcils fins et fournis, le nez bien droit, tout en elle est plaisant. Les yeux doux ; la voix lente et grave : quel charme ! L'éclat de son regard est pénétrant, ses mouvements sûrs, on voit combien elle a mûri...

Puyi ressent en son cœur mille choses — c'était il y a douze ans ! Il l'écoute parler et se rappelle son existence à lui. Alors, à son tour, il raconte sa vie en URSS, et celle qu'il a menée depuis son retour en Chine. Il parle comme l'eau s'écoule, intarissable. Et plus il parle, plus il a envie de continuer.

— En URSS, les autres souhaitaient tous rentrer au pays, mais pas moi, j'avais peur... (Puyi précise sa pensée :) J'avais peur qu'à mon retour on ne me coupe la tête !...

Yuqin a tout à coup le cœur lourd. « Les autres pensaient aux leurs, songe-t-elle, mais pas toi ? Quand l'époux attend le jour de son retour, l'épouse a le cœur tordu de douleur. Mais toi, tu ignorais ce sentiment... Pourquoi ? »

— Avant-hier, dit-elle, quand je suis sortie du Bureau du Travail, sans rien avoir obtenu, une fois de plus, je suis rentrée tristement par la ruelle et, derrière moi, j'ai entendu des gens qui disaient : « Tiens, voici la Dame impériale, elle ne veut pas se marier, elle espère encore redevenir ce qu'elle était... » Je me sentais à la fois fâchée et honteuse, et j'ai accéléré le pas, et je pleurais sans pouvoir m'arrêter. Je n'ai même pas osé le dire à ma mère, de crainte qu'elle n'en soit malheureuse pour moi !...

Ainsi Yuqin lui confie-t-elle ce que même à sa mère elle ne peut pas dire, en espérant qu'il aura pour elle une ou deux phrases réconfortantes. Mais lui n'a pas d'autre réponse que ces deux mots tout vides, dépourvus d'émotion :

---

1. Cf. ci-dessus p. 45, note 2.

— C'est vrai ?...

Quand elle raconte que, lui parti, son père, son oncle et les autres membres de sa famille n'ont pas voulu s'occuper d'elle, elle attend quelques mots d'indignation, mais à sa grande surprise il remarque froidement :

— Ah bon ? Je les avais pourtant comblés de faveurs !

Ensuite il se met à raconter gaiement qui, parmi ses parents, lui a écrit, et qui a été gentil avec lui, et même comment Zhang Jinghui[1] est devenu un vieillard gâteux. Suivent toutes les histoires du camp...

L'heure a passé très vite. Puyi se montre content que Yuqin ait apporté une photo d'elle. Il sort son portefeuille de cuir marron, et l'y range avec soin...

C'est la première occasion qu'ils ont eue de se revoir depuis douze ans ! La rencontre a été difficile, mais précieuse, pourtant !

Li Yuqin se sent réconfortée par cette entrevue. Néanmoins, quand elle se retrouve assise dans le train du retour, la nuit même, elle ne sait pour quelle raison des bouffées de tristesse viennent assiéger son cœur...

---

1. Un célèbre « Seigneur de guerre » du Nord, qui était devenu plus tard Premier ministre du Mandchoukouo.

XXV

Nombreux échanges de lettres d'amour

Aussitôt après sa visite à Fushun, Li Yuqin a écrit à Puyi une « lettre de bon retour » :

> *Mon cher Puyi,*
>
> *Bien que j'aie passé très peu de temps avec toi, j'en ai été extrêmement heureuse ; j'ai pu constater que tu es en bonne santé, dans de bonnes dispositions d'esprit, que tu t'efforces d'étudier, de te transformer !*
>
> *En dix ans de vie, naturellement, on se heurte à de nombreux problèmes et la pensée change en fonction de l'environnement objectif ; néanmoins, malgré l'instabilité de nos vies, le manque de nouvelles où nous nous sommes trouvés longtemps, je crois que nos sentiments d'époux n'ont pas changé, nous pensons toujours l'un à l'autre et j'ai la certitude que nous nous reverrons...*
>
> *Je te souhaite d'énormes progrès !*
>
>
>
> *Ta Yuqin*
> *Le 24 juillet 1955*
>
>

Du moment où Li Yuqin a reçu la première lettre de Puyi jusqu'à son voyage à Fushun et depuis, elle a toujours été plongée dans le bonheur de se souvenir et l'espérance de jours meilleurs. Il est vrai que, pour gagner sa vie, elle n'arrête pas de courir partout, toujours à la recherche d'un travail. Dès qu'elle en trouve un pour un temps, elle se lève tôt le matin et se couche très tard la nuit, mais il lui semble qu'une force la soutient... Quand elle reçoit, au début du mois d'août, la réponse de Puyi à sa lettre de bon retour, elle lui écrit aussitôt :

Mon cher Puyi,

J'ai reçu, le 3 de ce mois, ta lettre, qui m'apprend que tu es plongé dans les études. Je t'approuve d'agir ainsi, car tout le monde doit étudier, mais toi encore plus! C'est seulement de cette façon qu'on peut arriver à comprendre que seul le Parti communiste est capable de diriger notre pays et de donner au peuple une vie heureuse. Jadis, j'avais mis tous mes espoirs en Bouddha; je restais à genoux devant lui des heures durant, dans l'idée que la prière pourrait faire disparaître les malheurs d'ici-bas et te ramener près de moi. Et tout cela n'a abouti à rien! Jinglan est morte pour le Bouddha, mais le Bouddha ne s'occupe pas de ses enfants...

Je suis très prise en ce moment, car j'ai trouvé de l'embauche dans un atelier de productions secondaires[1] : il s'agit d'assembler des pull-overs. Je pars tôt le matin et rentre très tard dans la soirée. Le temps me manque et c'est pourquoi je t'écris seulement aujourd'hui. Inutile de dépenser beaucoup d'encre et de papier: tu sais assurément que ta Yuqin pense beaucoup à toi, qu'elle compte sur toi pour répondre aux espoirs du Parti, qu'elle te souhaite de remarquables succès dans tes études, qui te permettront de servir le peuple le plus tôt possible. Nous pourrons alors reconstituer notre famille, une famille heureuse dans la société nouvelle. C'est seulement à ce moment-là, oui, que nous serons vraiment heureux! Rien que d'y penser, je le suis déjà! C'est cette perspective qui me rend joyeuse même sans travail, avec seulement cette besogne d'appoint! J'ai retrouvé un très bon moral, mon entrain et mon goût de rire. Le matin, quand je me lève, quand je pars pour l'atelier d'assemblage des pulls, je suis contente. Le soir, la fatigue aidant, je m'endors très bien. Bon, je m'arrête. Il est déjà onze heures et je dois me lever tôt demain matin!

---

1. En dehors de leur production principale, les usines fabriquent des « produits secondaires », dont la main-d'œuvre peut être recrutée à l'extérieur.

Je te souhaite des progrès dans tes études et du cœur à l'ouvrage!

Yuqin, soirée du 11 août

Puyi lit ces lettres dans sa chambre, ou sous les ombrages du terrain de sport. Elles lui causent le plus vif plaisir.

Le tutoiement, si nouveau pour lui, les derniers mots pleins de réconfort, ces espoirs si encourageants, tout cela le grise.

Il regarde avec un profond attendrissement la photo de Li Yuqin. Alors qu'il écrit son Journal sous la lampe, il s'imagine entendre la voix de la jeune femme...

Ainsi, Puyi note dans son Journal : « Aujourd'hui j'ai reçu une autre lettre de Yuqin, où elle exprime un sentiment qui ressemble à un amour naissant... »

Entre le second semestre de 1955 et le premier de 1956, Li Yuqin s'est rendue trois fois à Fushun pour voir Puyi. Avant chacune de ses visites, elle a dû courir de tout côté pour emprunter de l'argent. En plus des frais de voyage, elle ne manque pas, chaque fois, d'acheter des articles d'usage quotidien et des objets utiles à Puyi pour ses études, sans oublier les bonbons et les gâteaux. Lors de leur deuxième entrevue, elle lui a apporté deux vieux pulls, deux gilets, et deux pantalons de laine usagés, des cadeaux qui procurent à l'Empereur de la dernière dynastie, en train d'accomplir sa réforme, une joie infinie, un réconfort sans pareil...

C'est cette fois-là aussi que Li Yuqin, en s'attardant auprès de Puyi, a oublié le billet acheté pour son retour à Changchun, et raté son train.

Puyi poursuit son Journal. Il y écrit que, depuis la première visite de Yuqin, il a compris tout à coup ce que c'est qu'un couple d'époux, ce que c'est que l'amour: « En ce moment, alors que s'approche le printemps de 1956, dit-il, je ressens réellement une impression de printemps; l'indulgence du gouvernement et du peuple, l'amour de ma femme, c'est cela mon printemps, mon espoir... »

XXVI

La quatrième rencontre

Le 1er Mai de cette année, Li Yuqin franchit à nouveau la porte près de laquelle un panneau annonce : « Camp des criminels de guerre »...

Elle attend, assise dans le « parloir », son grand sac de tissu à côté d'elle. Cette fois-ci, elle a emprunté l'argent de son voyage à l'ancien médecin-acupuncteur de Puyi. Les regards malveillants, les propos acerbes de sa femme, qu'elle se remémore pendant le voyage, font encore souffrir son cœur. Et ces explications qu'elle a dû donner pour obtenir la somme dont elle avait besoin la font rougir de honte chaque fois qu'elle y pense... C'est vrai, toutes ces années, même dans la plus dure misère, elle n'a jamais demandé à personne de lui prêter de l'argent ! A Tianjin, elle s'endormait souvent, avec Lili dans ses bras, sans avoir rien mangé ! La famille de Puxiu s'est empressée de vendre en cachette une partie du contenu des cent quarante-huit malles laissées par Puyi[1]. Quelqu'un lui a conseillé de faire de même, mais elle s'y est toujours refusée, car elle pense qu'on doit garder sa dignité. A Pékin, il faisait déjà chaud qu'elle portait encore une veste ouatée, refusant absolument l'aumône des voisins, car elle pensait que la chaleur qui monte aux joues est plus insupportable que celle qui envahit le corps... Maintenant, c'est pour Puyi, pour son réconfort moral qu'elle se contraint à faire ce qu'elle déteste par-dessus tout...

---

1. Cf. ci-dessus, p. 142, note 1 — « quelqu'un » : un antiquaire qui rachetait les objets précieux des grandes familles. « Pourquoi laissez-vous ces enfants mourir de faim ? Quelle pitié ! Ces choses sont à l'Empereur, donc à vous aussi. Vendez-les-moi et vous mangerez à votre faim. » (Mémoires de Yuqin).

Des pas se font entendre dans le couloir. Comme les fois précédentes, Yuqin se lève lentement de son fauteuil...

— Yuqin...

Puyi pousse la porte, un bonbon dans la bouche, il a l'air particulièrement gai.

Yuqin le regarde s'approcher du sofa, souriante comme d'habitude, et prend place à côté de lui.

Bonjours et salutations échangés, Puyi entame joyeusement la conversation :

— Tout va très bien. Pour la Fête du 1ᵉʳ Mai, cette année, nous organisons une soirée, les numéros sont tous très intéressants.

Il sort un autre bonbon de sa poche et le fourre dans sa bouche.

— Comment ? dit Yuqin, surprise. Vous jouez vous-mêmes ?

— Bien sûr, poursuit Puyi avec enthousiasme. Pujie aussi a écrit et va jouer en personne un dialogue comique[1]. Hier soir, il y a eu *Xiao He part dans la nuit à la recherche de Han Xin*[2]... Le meilleur dans tout cela, c'est Vieux Long...

— Qui est Vieux Long ? demande Yuqin.

— Un ancien général du Mandchoukouo ! Qui aurait cru que ce type habitué à mener des soldats était un prestidigitateur aussi formidable ? Il sort des œufs de son chapeau, en veux-tu en voilà !... Il y a aussi des chanteurs mongols, Lao Zheng et Lao Guo...

— Lao Zheng et Lao Guo ? murmure Yuqin.

— Tu te rappelles bien ? Du temps du Mandchoukouo...

Yuqin se rembrunit, elle n'entend pas la suite de ce que raconte Puyi, car sa pensée s'est envolée ailleurs...

— ... Il y a encore cet autre, celui qui s'appelle Zhang Jinghui[3]. Si tu le voyais jouer son numéro...

Li Yuqin s'est ressaisie et, lorsqu'elle concentre à nouveau son attention sur les propos de son interlocuteur, elle

---

1. *Xiang sheng,* saynette comique où deux compères se répondent, l'un supportant l'essentiel du discours, l'autre « renvoyant la balle ».

2. Episode célèbre du *Récit des Trois Royaumes* (XIVᵉ siècle).

3. Cf. ci-dessus p. 169, note.

s'aperçoit qu'il en est toujours à raconter ses anecdotes à propos de criminels de guerre en prison. « Je ne peux vraiment pas entendre les noms de ces gens-là sans penser à leurs combines avec les Japonais, songe-t-elle malgré elle. Sans eux, le peuple du Nord-Est aurait-il été réduit en esclavage ? Et moi, serais-je maintenant "parente de collabo", et à cause de cela privée de travail ? » Cette idée s'emparant de son esprit, elle cherche à changer de sujet :

— La vie n'est pas désagréable ici, n'est-ce pas ?

— Le gouvernement, pour m'éduquer, se soucie de bien me traiter, dit Puyi et, tout en parlant, il a sorti un autre bonbon de sa poche et l'a fourré dans sa bouche.

« C'est parce que c'est la fête : le camp en a distribué », se dit Li Yuqin.

— En vérité, je voudrais bien venir habiter ici avec vous..., déclare-t-elle avec sérieux, sans le quitter du regard. Déjà à ma première visite, je me suis demandé pourquoi on ne me laisserait pas venir. Comme ça, je pourrais voir tous les jours la personne dont la présence m'est chère. De plus, comme il n'y a ici que des criminels de guerre, personne ne méprise personne et on n'encaisse pas d'affronts, on n'a pas de soucis...

— Qu'est-ce que tu dis ? s'étonne Puyi, les yeux écarquillés. Venir ici ? Tu es bien mieux à l'extérieur...

Elle aimerait expliquer ce qu'elle a voulu dire, mais y renonce aussitôt : elle sait que ce n'est pas en une ou deux phrases qu'elle pourrait se faire comprendre. C'est pourquoi elle change encore de sujet, et s'exclame joyeusement :

— J'ai une très bonne nouvelle à t'annoncer !

— Quoi donc ? demande Puyi avec impatience.

— A mon retour à Changchun, je vais peut-être travailler dans une école maternelle...

— Ah ! très bien, dit Puyi, sans témoigner beaucoup d'enthousiasme.

— J'envie beaucoup les jeunes d'aujourd'hui, dit Yuqin, ils ont le travail et la joie ; l'égalité règne entre eux. Comme ils sont heureux ! (Plus elle parle, plus elle s'exalte :) Maintenant, tout est pour le peuple, cette société nouvelle est vraiment formidable... Quand on pense au passé, on a honte. Dans le temps on croyait au Bouddha... La mort de Jinglan, celle de mon père, et surtout les misères que j'ai connues ces dernières années m'ont appris qu'il ne faut pas croire au Bouddha...

— Tu as raison, dit Puyi, jadis je lui adressais tous les jours des prières, mais Il ne m'a pas protégé...

— J'ai constaté tant de changements autour de moi. Partout, tu rencontres des nouveautés surprenantes...

Et Yuqin lui décrit avec entrain l'étonnant spectacle offert par une usine d'automobiles, les services que le comité du quartier rend aux habitants. Mais surtout, elle parle des jeunes comme elle, du dynamisme avec lequel ils travaillent ou se consacrent au service de la patrie... Elle parle, avec force gestes, de ce qu'elle attend de l'avenir, de l'impatience qui la dévore d'entrer dans les rangs de cette jeunesse — un désir si puissant, dit-elle, que les mots manquent pour l'exprimer.

Puyi ne cesse de hocher la tête, il glisse de temps en temps un mot, mais toujours avec la même expression d'indifférence. Finalement, il se risque à faire une remarque:

— Oui, oui, bien sûr! Nous avons beaucoup à nous raconter quand nous nous retrouvons ensemble! Mais des milliers et des milliers de phrases n'y suffiraient pas, alors on peut se contenter d'une ou deux.

— Qu'est-ce que tu dis?

Yuqin a l'impression qu'elle vient de recevoir un seau d'eau froide sur le cœur.

— Tiens, sers-toi! Ce sont des bonbons qu'on nous a distribués!

Comme s'il venait seulement d'y penser, Puyi sort de sa poche un nouveau bonbon, ôte le papier, le tend à Yuqin.

Mais elle ne le prend pas. Elle s'est levée et, tournant le dos, a ouvert son sac. Elle étale devant lui tout ce qu'elle a apporté, objets de toutes sortes, gâteaux... et bonbons.

Puyi regarde toutes ces choses et exprime ses remerciement, puis, toujours suçotant son bonbon, il se lance avec entrain dans une conversation où il est question de lui, de son

176

entourage, de son septième oncle, de sa deuxième sœur, qui sont à Pékin...

Yuqin baisse la tête, le cœur en tumulte.

Elle a l'impression que ce Puyi qui est en face d'elle l'a quittée petit à petit et que maintenant il s'éloigne de plus en plus...

XXVII

La fissure s'élargit en silence

Après la dernière visite de Yuqin, Puyi a dû attendre très longtemps pour recevoir une nouvelle lettre d'elle. Cette missive, attendue depuis des jours et des nuits, est particulièrement longue.

> *Mon cher Puyi :*
> *Depuis ma dernière visite, j'ai été très prise. J'ai toujours l'impression que le temps me manque. Les préparatifs du 1ᵉʳ Juin, la fête internationale des enfants, m'ont donné beaucoup de travail. L'administration de notre unité a mis à notre disposition de quoi acheter quantité de bonbons et de gâteaux, qui seront distribués aux enfants à cette occasion. A la veille de la fête, l'activité était à son comble : ici on faisait répéter les chansons aux enfants, là on emballait les bonbons dans des sachets, d'autres personnes préparaient la salle... Tout le monde était si occupé qu'on ne s'est même pas arrêté à midi... Malgré une fatigue si intense qu'elle nous coupait le souffle, les camarades étaient toutes très contentes. Les enfants d'aujourd'hui sont vraiment très heureux !...*
> *Quand je pense à mon enfance à moi, tellement misérable...*

Ensuite, Li Yuqin consacre quantité de pages au récit de cette vie misérable qu'elle et sa famille ont connue autrefois sous la botte de l'impérialisme japonais.

Elle raconte comment elle a failli être expulsée de l'école

parce que sa famille ne pouvait plus en acquitter les frais, et sa mère pleurait ; elle rapporte encore une autre scène : elle et ses amies s'étaient amusées dans un stade destiné aux enfants japonais, « les diables japonais » avaient lâché leurs chiens. Son indignation éclate dans sa lettre : « Le stade destiné aux enfants japonais a été construit avec les matériaux chinois, par le peuple travailleur chinois, pourquoi était-il interdit aux enfants chinois ? »

Elle poursuit en ces termes :

Voilà ! Je t'ai parlé de tout. Ainsi tu pourras savoir ce que j'ai fait pendant cette dernière période, et quelle vie j'ai menée.

J'ajoute ceci : nous avons tous les jours des séances d'études, j'ai obtenu le maximum aux deux derniers examens...

Comme le temps me fait défaut, je ne pourrai plus t'écrire très souvent. La dernière fois que je suis allée te rendre visite, tu m'as dit : "Des milliers et des milliers de phrases n'y suffiraient pas, on peut se contenter d'une ou deux." Ecrire ou ne pas écrire, cela revient donc au même.

Encore ceci : j'ignore quand je viendrai te voir... Bien que les frais de voyage ne soient pas énormes, je ne sais comment y faire face. D'ailleurs est-ce bien la peine ? Plus de mille li pour ne rester qu'un court moment et déjà repartir ! C'est que je suis maintenant particulièrement pressée. Pourquoi ? Tu pourras peut-être le deviner... Cependant, dans mon travail ou ailleurs, quand je rencontre des difficultés, je pense à toi... Le changement qui est en train de s'opérer en moi, les effets qu'il produit sur mon travail, tu peux les comprendre si tu te mets à ma place, ce n'est pas la peine que j'en parle.

Chaque dimanche, je rentre à la maison pour voir maman, elle me couve comme si j'étais encore un petit enfant...

*A peine suis-je entrée qu'elle m'interroge sur mon tra-
vail, sur ma vie... Demain, ce sera la Fête du Double cinq[1],
nous n'avons pas congé, mais mon frère aîné veut que je
rentre à la maison pour ce soir-là, sinon, maman serait
triste.*

*Comment te portes-tu? As-tu bon moral? Qu'est-ce
que vous étudiez en ce moment? Fais-tu du sport? La
prochaine fois, je t'achèterai des illustrés, (par exemple* Les
vagabondages de Trois poils[2]. *Ces petits journaux sont
excellents et, de plus, ils pourront t'être utiles. J'espère que
tu fais tous tes efforts pour que se rapproche le jour où...
En te souhaitant:
de faire encore et encore des progrès!*

*Yuqin
le 15 juin 1956*

Puyi, après avoir parcouru cette lettre une première fois
parmi les rires et les plaisanteries de ses « compagnons »,
s'est retiré à l'ombre d'un arbre pour la relire, tout enivré
encore par ces termes familiers, ces mots de tendresse...
Quant au motif pour lequel Yuqin parle des misères de son
enfance, de son sentiment de malaise lors de sa dernière visite
à Fushun, quant à son insistance pour que Puyi veuille bien
« comprendre en se mettant à sa place » le changement qui
s'opère en elle, quant aux raisons pour lesquelles elle se dit

---

1. Le cinq du cinquième mois de l'ancien calendrier, ou Fête des
Bateaux-dragons. La famille se réunit et confectionne des gâteaux appelés
« zongzi », et d'autres, dits « des cinq venins ». Les premiers, faits de riz
glutineux farci de dattes, de viande, d'huîtres et de soja, rappellent la
nourriture qui fut envoyée aux monstres de la rivière Milo pour qu'ils
s'abstiennent de dévorer le grand poète et ministre Qu Yuan qui s'y était
jeté (Qu Yuan, 339-278). Les seconds, en forme de mille-pattes, araignées,
serpents, scorpions et crapauds, sont censés préserver des empoisonne-
ments et intoxications. Les uns et les autres, donc, écartent le mal et, si la
mère est triste, ce n'est pas seulement à cause d'une soirée familiale
manquée. Cette coutume était alors très suivie, même à la Cour, comme
l'atteste Saga Hiro qui, japonaise, s'en amuse (Mémoires de Saga Hiro).
2. « Trois poils » (San mao), un enfant qui a trois cheveux sur la tête,
est le héros très célèbre d'une série de bandes dessinées.

« particulièrement pressée » et emploie toutes ces expressions lourdes de sens, manifestement le destinataire ne s'y est pas attardé...

Il a continué à lire sa lettre avec le même plaisir. Il regarde le ciel bleu et les nuages blancs, se dirige vers le parterre de fleurs, prend un arrosoir pour rafraîchir celles qui sont toujours en boutons.

Les douces paroles de Yuqin sonnent encore à ses oreilles...

Sous la lampe, le soir, il dispose son papier et se prépare à écrire, tout heureux :

Ma chère Yuqin :
   J'ai reçu enfin ta lettre tant attendue, j'en ai été si heureux...

XXVIII

Nouvel espoir

Li Yuqin a franchi la porte de la Mairie d'arrondissement, elle a monté l'escalier, s'est arrêtée devant « le bureau du Maire » et, après un moment d'hésitation, a finalement levé la main et frappé légèrement à la porte.

— Entrez, dit une voix d'homme.

— S'il vous plaît... (Li Yuqin, très tendue, a poussé timidement la porte.) Où est le camarade Zhao, Maire de l'arrondissement ?

L'homme s'est levé — il a dans la cinquantaine — et se dirige à sa rencontre :

— Vous êtes sans doute la camarade Li Yuqin ?

— Oui.

— Soyez la bienvenue !

Le Maire — c'est bien lui — serre chaleureusement la main de Li Yuqin et la fait asseoir. Il lui offre ensuite un verre d'eau :

— Je vous attendais !

Silencieux un instant, le Maire l'observe d'un regard bienveillant.

— Camarade Yuqin, dit-il enfin, excusez-moi, ces dernières années vous avez dû souffrir... Car il y a quelque temps que vous êtes revenue à Changchun, mais nous n'étions pas au courant...

Les yeux de Li Yuqin se sont mis à briller.

— Le Parti et le pays n'avaient pas oublié que vous aviez été dupée, vous qu'on a, tout enfant, envoyée à la Cour impériale ! Le secrétaire de votre province, Zheng, vous a cherchée tant et plus quand il dirigeait le travail à Tianjin. Il voulait vous donner un emploi mais, même en consultant tous les registres d'état civil, il n'a pu y trouver votre nom.

Yuqin est émue, ses lèvres tremblent.

— A l'époque..., dit-elle, à l'époque... C'est la faute de Puxiu, c'est lui qui a changé mon nom en Pu Weiqing...

— Nous avons décidé, après étude de votre cas, que vous travailleriez à la bibliothèque de la ville. (Le Maire l'interroge du regard.) Qu'en dites-vous?

— Est-ce provisoire ou...

Elle voudrait dire ce qui la préoccupe mais à peine a-t-elle ouvert la bouche que le Maire la rassure en riant:

— C'est un poste définitif, un poste de fonctionnaire de l'Etat!

— C'est vrai?

— Bien sûr, préparez-vous. Rendez-vous le plus tôt possible à votre travail.

— Oh! (Elle a les yeux pleins de larmes.)

— Mais avant de commencer, il y a encore une formalité...

— Laquelle?

— Le Maire de notre ville veut vous recevoir en personne...

— Le Maire de la ville?

— Oui.

Cette fois-ci, les yeux de Yuqin sont transformés en fontaines...

Envolées de pigeons, boutons de fleurs gros de rosée, visages d'enfants naïfs et souriants...

Li Yuqin ne se sent plus de joie. C'est le bonheur. La voilà devenue « officiellement » un cadre, c'est-à-dire « officiellement » engagée dans la révolution. Elle fait désormais partie de l'armée révolutionnaire...

Le buste droit, elle entre dans la bibliothèque.

Radieuse, elle dépose les livres dans les mains des lecteurs.

Emue, elle prend la parole dans le groupe d'études.

Joyeuse, elle sort avec ses collègues de la salle de lecture...

« Mon cher Puyi!... » Elle s'adresse à Puyi du fond de son cœur, de cette voix sereine et douce que donne le bonheur, « Depuis que je travaille à la bibliothèque, j'ai le cœur si joyeux! J'ai l'impression que le soleil est plus brillant, l'air plus frais, la vie plus belle... Je remercie le Parti, le pays pour leur bienveillance à notre égard... Je souhaite que tu progresses encore davantage... »

En lisant la lettre de Yuqin, l'ancien Empereur est tout attendri. Lui aussi pleure...

Et Li Yuqin répond à sa réponse :

Mon cher Puyi :

J'ai depuis longtemps envie de t'écrire mais, comme je ne trouvais pas les livres que tu voulais, ma réponse a tardé. J'ai demandé à un camarade chargé de l'achat de se les procurer pour toi, mais il n'y est pas arrivé. Je suis allée avec lui à la librairie, j'y ai vu un ouvrage intitulé Cours d'économie politique. *Il comprend en tout dix volumes, mais impossible d'y trouver ce que tu veux. J'en ai découvert un autre,* Manuel d'économie politique, *rédigé par l'Institut de recherches sur l'économie de l'Académie des sciences d'URSS, édité par les Editions du Peuple, mais il n'y a que le second tome ; je ne sais s'il peut t'être utile, tu me le diras dans ta prochaine lettre...*

Li Yuqin dépeint ensuite avec entrain la magnificence de la Fête nationale à Changchun et, toute pleine de la grande joie qui l'habite, elle décrit aussi son travail, sa vie. Pour finir, elle ajoute :

J'espère que tu me parleras aussi de toi. Il commence à faire froid. Si tu avais besoin de quelque chose, je pourrais te l'acheter. Je te souhaite à chaque moment des progrès dans tes études, pour que tu puisses participer au plus tôt à l'édification de la patrie. Pendant les vacances de la Fête du printemps, si j'en ai les moyens, je viendrai te voir. Je te souhaite
Des progrès ! Bonne santé !

Yuqin
le 8 octobre 1956

Li Yuqin sort de la bibliothèque en riant avec une jeune collègue. Elles se tiennent par les épaules, à croire qu'elles sont des amies très proches. Yuqin jette sa missive pour Puyi dans

184

la boîte aux lettres. La jeune fille lui chuchote à l'oreille quelque chose de drôle, dont elles rient de bon cœur.

Li Yuqin retourne à la librairie Chine nouvelle avec son amie. Elles choisissent ensemble quelques livres et ressortent, toujours aussi joyeuses.

Li Yuqin et toute une bande de jeunes se promènent dans le parc du Lac du Sud; ils mangent des glaces et se font photographier, riant à qui mieux mieux; ils canotent sur les vagues vertes. Au son de l'accordéon, Li Yuqin chante, heureuse...

Chapitre XXIX
Un malheur ne vient jamais seul

Plusieurs livres sous le bras, Li Yuqin grimpe en chantonnant l'escalier. A peine a-t-elle poussé la porte qu'elle entend un brouhaha de voix qui lui parviennent par-dessus le paravent et un « mur de livres », empilés à hauteur d'homme. On dirait une réunion.

— ... Li Yuqin est une « Dame impériale », Puyi est encore interné. Il sera jugé et condamné. Si ce n'est à la peine capitale, du moins à un emprisonnement à perpétuité... (C'est une voix d'homme qui parle.) Aussi doit-on se méfier quand on prend contact avec des gens comme elle! Notre cellule de la Ligue de la jeunesse doit aider Song Yajuan à comprendre ses erreurs!... Il faut l'aider à déraciner le mal — pourquoi est-elle si étroitement liée à Li Yuqin? De quel sentiment s'agit-il au fond? Song Yajuan doit y réfléchir elle-même. A fréquenter des gens comme cela, quelle influence peut-on en recevoir? Nous, les membres de la Ligue, constituons le bataillon de réserve du Parti, les maîtres futurs du pays. Aussi devons-nous faire preuve d'une exigence particulière envers nous-mêmes. Cette réunion a pour but de nous donner une leçon à tous — n'étions-nous pas un certain nombre à nous promener avec Li Yuqin au Lac du Sud? Bon, c'est d'abord à Song Yajuan de faire son autocritique, ensuite, à nous tous, et nous l'aiderons à élever son niveau de conscience...

Dans la salle, un silence accablant. Li Yuqin regrette d'avoir poussé étourdiment cette porte. A ce coup inattendu, ses jambes tremblent sous elle et la tête lui tourne...

— Quant à moi, j'ai eu beaucoup trop de contacts avec Li Yuqin, c'est la preuve que ma conscience politique est insuffisante, que ma position de classe n'est pas ferme...

Song Yajuan a entamé son autocritique à voix basse...

Li Yuqin étouffe, ses yeux se voilent. Elle se hâte de quitter discrètement les lieux, en prenant appui contre le mur. Une fois dans le couloir, elle cherche en titubant la rampe de l'escalier, mais sans avoir eu le temps de s'y raccrocher, elle perd connaissance et roule en bas des marches.

A présent, elle est chez elle assise dans son lit, la tête entourée d'un pansement, une couverture sur les genoux. Song Yajuan et une autre fille, qui porte un chemisier à carreaux, sont assises à son chevet.

— Grande sœur, dit Song Yajuan en effleurant de ses doigts le pansement blanc, je ne comprends vraiment pas pourquoi tu ne divorces pas d'avec Puyi ? Tu ne vas tout de même pas supporter ce handicap épouvantable toute ta vie ?...

— C'est vrai, reprend l'autre jeune fille, indignée. Autrefois, on t'a dupée pour te faire entrer à la Cour impériale. Lui et nous autres ne sommes pas de la même classe !

Song Yajuan remonte la couverture de Yuqin. Elle insiste :

— Tu es encore très jeune, il faut suivre ton propre chemin... Maintenant, c'est une nouvelle société. Nous, les femmes, nous sommes libérées !

— C'est juste ! dit l'autre fille, qui s'est levée, en agitant ses deux courtes nattes semblables à des cornes de chèvres. (Elle élève la voix :) Tu dois bien y réfléchir ! Si tu ne traces pas une ligne de démarcation nette entre toi et Puyi, ta situation deviendra très difficile plus tard...

Li Yuqin pleure en silence. Après un long moment, elle dit :

— Merci de votre sollicitude... Je vous cause du souci, je le regrette de tout cœur...

La fille aux nattes en cornes de chèvre a renversé la tête en arrière en faisant une moue :

— Bof, ce n'est rien du tout. Si tu romps avec Puyi, l'affaire est réglée... A présent, tu dois réfléchir ! Nous allons te quitter — mieux vaut ne pas rencontrer d'autres personnes de la bibliothèque...

Les deux jeunes collègues sont parties, Yuqin s'est recouchée. Sa mère rentre du marché et elle sort de son panier un sac de pommes, qu'elle place sur le bahut. Elle s'approche de sa fille et la regarde avec tendresse. La croyant endormie, elle s'éloigne doucement.

Maintenant, elle a sorti les poireaux, qu'elle dépose devant le frère de Yuqin, assis sous le pêcher, dans la cour.

— Li Feng, dit-elle, aide-moi à nettoyer les poireaux.

Li Feng, un homme robuste, dans la trentaine est un « ouvrier du bâtiment » — les quatre caractères imprimés sur son vêtement de sport l'attestent. Lorsque la mère lui confie cette « tâche », il l'écoute sans même lever la tête puis, sans mot dire, il se met au travail, l'esprit ailleurs...

— Feng! (La mère s'est accroupie à côté de lui et le regarde tout en travaillant. Elle se tait un moment et finit par lui poser une question :) Comment se fait-il que tu ne sois pas allé à ton chantier ces derniers jours ? Que s'est-il passé ?

— Je te l'ai déjà dit, répond son fils, toujours sans lever la tête, je me suis fait un tour de reins...

— Un tour de reins, répète la mère, sceptique. Tu t'es fait un tour de reins et cela suffit à te donner l'air si abattu ? Et puis comment se fait-il que depuis plusieurs jours tu n'aies même pas envisagé d'aller faire un petit tour à ton unité de travail ?

C'est alors qu'on entend les échos d'une dispute à l'entrée. Une femme d'une trentaine d'années pousse la porte, suivie d'un homme qui semble à peu près du même âge.

L'homme retient la femme à bras-le-corps.

— Reviens ! s'écrie-t-il.

Elle se débat si violemment qu'elle a failli le faire tomber par terre.

— Où est Yuqin ? hurle la femme, tournée vers la mère de Yuqin. Où est Yuqin ? Je viens régler mes comptes avec elle !

L'homme s'est précipité pour l'arrêter.

— Tante, qu'est-ce que c'est que ça ? s'exclama la mère, effarée.

Elle gesticule devant la porte, ne sachant où donner de la tête.

La femme a pénétré dans la chambre de Yuqin et la trouve qui s'apprête à descendre du *kang* :

— Eh bien, vocifère-t-elle, les poings sur les hanches, tu ne t'en fais pas! Tu continues à te prélasser...

— Cousine..., balbutie Yuqin, surprise par l'apparition inattendue de la visiteuse, et elle balance désespérément ses pieds au-dessus du sol, sans arriver à trouver la chaussure qui lui manque.

L'autre continue à crier à tue-tête:

— Tu as fichu tout le monde dans le pétrin, petite! Quels avantages nous as-tu jamais procurés jadis? Nous n'avons jamais eu un repas, jamais demandé un sou. On n'a même pas vu comment il était fait, le *Kangde*[1]! Mais alors, maintenant, en fait d'avantages!

— Cousine! (Yuqin, qui n'a toujours trouvé qu'une chaussure, est obligée de rester assise sur le bord du *kang*.) Assieds-toi. Si tu as quelque chose à me dire, prenons notre temps, assieds-toi donc...

— Comment pourrais-je m'asseoir? je ne tiens plus en place! continue la cousine, toujours criant. Ton cousin avait trouvé un bon boulot, dans une usine spéciale sous contrôle des services secrets. A cause de toi, qui es cataloguée « proche de l'Empereur », il n'a pas pu adhérer au Parti, il n'a pas été promu chef, et maintenant la famille entière doit partir pour la Mongolie intérieure... (Tout en racontant l'affaire, elle s'est assise par terre, et elle pleure.) A Changchun il y a encore mon père et ma mère, ils n'ont que moi pour enfant. Comment se débrouilleront-ils quand je ne serai plus ici!... En Mongolie, je n'ai aucun parent, comment pourra-t-on s'y débrouiller...

— Cousine...

Yuqin lui prend les mains, elle voudrait l'aider à se relever mais sa cousine refuse de bouger. La mère est venue elle aussi essayer de l'apaiser mais l'autre ne fait que sangloter et se lamenter.

Le mari a fini par se débarrasser de Li Feng qui le retenait. Il bondit dans la pièce et s'écrie, hors de lui:

— Tu dérailles! Tu ne comprends rien à rien. Rentre à la maison!

---

1. *Kangde* (littéralement: « florissant et vertueux »), le nom dynastique de l'Empereur du Mandchoukouo.

— Moi ? Ah ! Que mon destin est malheureux, s'écrie la cousine.

Elle frappe la terre de ses deux mains et se met à pleurer de plus belle.

— Vas-tu venir ? crie le cousin en tirant sa femme hors de la chambre, mais elle se cramponne de toutes ses forces au chambranle de la porte et refuse de lâcher prise.

Perdant tout contrôle de ses nerfs, l'homme étend le bras et la gifle...

— Ah ! tu m'as frappée !

La femme a porté la main à sa bouche ; du sang coule de sa lèvre fendue. Elle bondit comme une folle :

— Je vais t'accuser devant le tribunal ! Pour atteinte aux droits de l'homme ! Atteinte aux droits de l'homme... Je vais porter plainte !

— Eh bien, vas-y. Vas-y donc ! réplique le cousin à sa femme qui est en train de sortir en courant...

— Guiquan ! Va rattraper ta femme, vite..., crie la mère de Yuqin en poussant le cousin dehors.

— Qu'elle fasse comme elle voudra.

— Ah ! mais non ! Avec la circulation qu'il y a, si jamais il lui arrive malheur, nous serons dans notre tort !

Le ton de la mère s'est fait suppliant.

Le cousin se résigne et quitte la pièce lentement, sur les talons de Li Feng...

Yuqin et sa mère sont restées seules l'une en face de l'autre, perdues dans un silence total. C'est alors qu'un jeune homme d'une vingtaine d'années apparaît sur le seuil et demande :

— Où est Grand frère Li Feng ?

— Li Feng ? il vient de sortir..., répond la mère en essayant de rassembler ses esprits. Et toi, qui es-tu ?

— Je suis de la Compagnie de Construction, dans la même équipe que lui, dit le jeune homme. L'autre jour il est parti trop vite, alors le chef m'a demandé de lui rendre l'argent de la mutuelle.

— Comment ça, l'argent de la mutuelle ? demande la mère, surprise.

— Eh bien oui. Puisqu'il nous a quittés, cet argent... il doit le reprendre...

— Comment ça ? Li Feng vous a quittés ? demande à nouveau la mère.

Elle fait entrer le jeune homme, prend un thermos, lui sert un verre d'eau chaude.

— Oui, ça fait déjà plusieurs jours, explique-t-il, le regard étincelant. C'est dégoûtant, il a été renvoyé pour cette histoire idiote, c'est vraiment moche !

— Quelle histoire ?

— Ah ! vous ne savez pas ? dit le jeune homme. (De toute évidence c'est un rapide et il ne se fait pas prier pour expliquer la chose.) L'autre jour, nous travaillions sur le chantier du Muséum de géologie. Un gars de notre équipe, du nom de Liu, dit tout à coup à Li Feng : « N'est-ce pas la maison d'un parent à toi ? Tu vas en mettre un coup, j'espère ! » Li Feng réplique, et tous les deux commencent à se disputer. Ils s'échauffent de plus en plus et finalement en viennent aux mains. C'est Li Feng qui avait raison et de plus il a reçu des coups, mais après, on a dit qu'il était contre la construction du Muséum de géologie... et le résultat c'est qu'il a été renvoyé...

— Notre Li Feng... (La voix de la mère est devenue un peu rauque.) Pourquoi est-ce qu'il serait contre ce... ce Muséum de géologie ?

— Ah ! Grand-tante, vous ne savez pas ? Au temps de l'Etat fantoche, cet endroit, c'était l'emplacement prévu pour la construction du nouveau palais impérial. Les fondations ont été faites, mais avant que soit commencée la construction proprement dite, les diables ont quitté la scène. Maintenant, c'est justement sur ces fondations qu'on édifie le Muséum de géologie...

— Ciel !... (La tasse que la mère de Yuqin tenait à la main est tombée par terre.) Hélas ! un malheur ne vient jamais seul...

— Maman !

Yuqin se précipite au secours de sa mère, qui titube.

La lune toute ronde est suspendue parmi les branches les plus hautes. Le souffle du vent fait bouger leurs ombres sur la fenêtre. On croirait voir un combat violent où s'affrontent généraux ardents et vaillants soldats sur un champ de bataille des temps anciens. Tantôt ils avancent, tantôt ils reculent, lançant dans la mêlée leurs forces égales. Des lambeaux de nuages flottants passent devant la lune, plongeant par intermittence la terre illuminée dans de brutales et lourdes ténèbres.

Encore une lune toute ronde à son quinzième jour! Yuqin est couchée sur le *kang* et dans son cœur aussi des nuages noirs passent de temps à autre. La pendule, au mur, a sonné dix, onze, douze coups... Ces derniers jours, Yuqin a été en proie à une souffrance extrême, car sa pensée subit l'assaut de contradictions violentes...

Comme la vie est inconcevable! Parmi toutes ces pensées qui se succèdent jour et nuit il y a des joies si vives qu'elles empêchent de dormir, des désespoirs feutrés qui font mal sans se montrer. Et maintenant, maintenant, à quoi doit-elle encore s'attendre?...

Yuqin regarde l'agitation des branches sur la fenêtre et médite: « Nous sommes trop loin l'un de l'autre idéologiquement... » Avec une telle différence, comment maintenir l'harmonie entre nous, même sur le plan sentimental... Pour lui, je peux faire des sacrifices, mais à quoi lui serviront-ils? Si je suis méprisée politiquement, comment n'en souffrirait-il pas, lui aussi? Tout le monde dit qu'il sera condamné à la prison à perpétuité. Si je maintiens les liens qui m'unissent à lui — sans même parler des pressions de toutes sortes que je continuerai de subir, que pourrai-je faire pour l'aider? Si nous rompons ces liens, moi, au moins, je serai à l'abri, et cela ne me donnera-t-il pas davantage de moyens pour le protéger?... Quelle que soit la souffrance qui frappe ma personne, je peux encore la supporter, mais les ennuis que je cause à ma famille et mes parents me sont intolérables. Maman s'est tourmentée toute sa vie pour moi, mon frère aîné s'est donné tant de peine... comment pourrais-je leur causer encore des malheurs? Certains de mes parents ont été inquiétés à cause de moi! Leur travail, l'avenir de leurs enfants en ont pâti... Je ne veux plus qu'ils souffrent par ma faute... D'ailleurs, dans la famille de Puyi, où je devrai rester si je ne romps pas mes liens, les gens qui n'ont pas eu d'enfant ont tous eu une vieillesse misérable. Aujourd'hui déjà ils me méprisent, on peut imaginer ce que sera mon sort quand je serai une vieille femme solitaire... Je souhaite vivement mener la vie de tout le monde, avoir un foyer chaleureux et, par-dessus tout, je voudrais avoir un petit enfant à chérir...

Encore une lune toute ronde! Depuis plus de dix ans, par les nuits claires comme celle-ci, combien de larmes Yuqin a-t-elle versées, combien de rêves a-t-elle faits? Et combien de prières ardentes a-t-elle adressées au Ciel? Elle se rappelle encore cette autre nuit du quinzième jour, où, debout sur les marches, elle suppliait l'âme de Jinglan de revenir au plus vite. Et rien jamais ne s'est passé... Jinglan! Ce soir, peux-tu revenir? Yuqin a beaucoup de choses à te confier, elle aimerait discuter avec toi... Papa, mon cher papa, cette année-là, c'est toi qui m'as aidée à porter mon bagage pour rentrer à la maison. Un peu plus tard, c'est encore toi qui m'as accompagnée pour quitter la maison... Je n'aurais jamais pensé que c'était un adieu... Combien de fois t'ai-je vu dans mes rêves! Ce soir, envoie-m'en un encore. Maman et ma sœur ne sont pas d'accord sur la décision à prendre. Que doit faire ta fille? Dis-le-lui, toi... tu l'aimes depuis l'enfance, pense à elle qui en cet instant pense si fort à toi...

Yuqin s'est plongée dans une longue songerie...

Et, tandis que la lune descend sur l'horizon, elle fait un rêve... Que voit-elle dans ce rêve?

XXX

La décision finale

Les flocons épais comme de l'ouate tombent sans fin, emplissant le ciel et la terre.

En ce jour de décembre 1956, une épaisse couche de neige s'est déjà accumulée sur le rebord de la fenêtre du « parloir », au Camp des prisonniers de guerre de Fushun, et pourtant les flocons ne cessent de dégringoler, rapides comme des flèches.

C'est la cinquième fois que Li Yuqin est assise sur ce canapé mais, cette fois-ci, les sentiments qui l'agitent ne sont plus les mêmes qu'auparavant... La déception et la souffrance se sont substituées à l'espoir et à l'illusion, l'animosité a succédé à la pitié et la bienveillance... Tout à l'heure déjà, elle a informé le chef du Camp du choix qu'elle vient de faire. A sa grande surprise, les gens d'ici s'intéressent plus au prisonnier qu'à elle ! Elle se sent très désorientée. Ce sont tous des cadres de la Huitième Armée et du Parti communiste, pourquoi n'ont-ils pas la même attitude que ceux du Tonghua qui, à l'époque, lui avaient conseillé de prendre ses distances vis-à-vis de Puyi ? « A ce moment-là, se rappelle Yuqin, je n'étais pas du tout d'accord, j'ai même plaidé en sa faveur, assurant qu'il avait été un bon Empereur, que tout avait été la faute des Japonais. Maintenant que j'ai vraiment pris conscience, maintenant que je veux me jeter dans le sein du peuple, pourquoi y mettent-ils obstacle ? » Elle sent son cœur flotter comme la neige derrière la fenêtre, tomber et s'effilocher en tourbillons désordonnés...

Du couloir lui parvient un bruit de pas qui lui est maintenant familier. Elle se lève du canapé et, comme la dernière fois, va souriante à sa rencontre...

Dès que Puyi est assis, Li Yuqin entre directement dans le vif du sujet :

194

— Nous allons parler aujourd'hui de notre vie privée.

— De notre vie privée ? répète Puyi, intrigué.

— A partir de ce jour, dit Li Yuqin, nos liens...

— Nos liens ne sont-ils pas très étroits ?

Ce sont justement les contacts qu'ils ont eus cette dernière année qui ont fondé l'amour de Puyi pour Yuqin. Aussi pense-t-il qu'il en va de même pour elle.

— Tu es très gentil avec moi maintenant, c'est vrai, mais...

Elle a pensé à tout d'avance. Elle s'est dit qu'il ne fallait pas lui donner les véritables raisons, qu'il ne peut comprendre. C'est pourquoi elle poursuit par ces mots :

— Malgré tout, nous avons une si grande différence d'âge, il nous est difficile d'avoir les mêmes intérêts. Ce que j'aime, tu ne l'aimes pas forcément ; ce que tu aimes, je ne l'aime pas forcément non plus... Aussi — j'ai beaucoup réfléchi — et je crois qu'il vaut mieux que nous nous quittions...

— C'est... (Puyi a l'impression que la foudre est tombée sur sa tête. Son cœur bat violemment, le sang lui est monté au visage.) Nous séparer alors que nous nous aimons tant ? Je ne suis pas d'accord avec tout ce que tu viens de dire... Pourquoi n'aurions-nous pas les mêmes intérêts ? Je pense que si. Mais oui, nous avons certainement les mêmes...

— Tu le crois parce que tu juges d'après nos dernières rencontres, répond Yuqin. Mais cette décision, je l'ai longuement pesée. Cela vaut mieux, pour toi comme pour moi...

Lorsque Puyi constate que sa position est bien ferme, des larmes de douleur lui montent aux yeux. Li Yuqin pleure aussi de son côté, sans pouvoir dire un seul mot pendant longtemps...

Puis elle essaie calmement de le raisonner :

— Quel avantage trouverais-tu à maintenir de tels liens, qui ne correspondent à rien ? Tu es beaucoup plus âgé que moi... Et, plus grave encore, tu ne sais même pas quand tu pourras sortir d'ici. Sais-tu tout ce que je vais devoir endurer pendant ce temps ?

Quand ils vivaient ensemble, dit-elle, ils avaient en fait des rapports de frère et sœur, ou d'amis. A présent, elle risque de passer le restant de ses jours en célibataire. Elle est encore jeune, elle voudrait se lancer dans une vie à elle, une vie qui correspondrait à ses vœux...

— C'est vrai, dit Puyi, reconnaissant la vérité de tout ce qu'elle vient de dire. Nous étions comme frère et sœur, tu es ma petite sœur... (Mais, d'un autre côté, il ne veut pas renoncer à cet amour qui lui est venu si récemment. C'est pourquoi, au bout d'une longue « discussion », il conclut :) Ne peux-tu pas m'attendre encore un peu ?

— Je t'ai attendu déjà plus de dix ans, jusqu'à quand me faudra-t-il prendre mon mal en patience ?

Et elle ne peut retenir ses larmes.

La direction du Camp accepte, à titre exceptionnel, que Li Yuqin reste pour la nuit (selon le règlement, les parents des prisonniers ne sont pas autorisés à dormir sur place). Ce n'est pas une nuit de repos.

Li Yuqin se remémore les conseils que le directeur lui a donnés ce matin. Il plaidait pour Puyi, disant qu'il avait fait des progrès dans sa réforme, qu'il fallait l'aider, lui témoigner de la sollicitude et que, par conséquent, lui ne désirait pas qu'ils divorcent.

Li Yuqin en a été bouleversée.

— Depuis le jour où l'on m'a fait entrer par tromperie à la Cour impériale, j'ai cessé d'exister. Tout ce qui est moi lui a été sacrifié ! Ces dernières années, est-ce peu de chose ce que j'ai fait pour lui ? Vous ne pensez qu'à lui, vous n'avez pas pensé à moi ?

— Il vaut mieux que tu attendes encore un peu, lui a dit le directeur du Camp, il ne faut pas prendre ta décision tout de suite !

Li Yuqin l'a regardé droit dans les yeux :

— Peux-tu me dire quand il sortira ? Si quelqu'un peut me donner la garantie que Li Yuqin pourra attendre Puyi autant qu'il faudra sans être un objet de mépris, alors je l'attendrai. Mais qui serait en mesure de me le garantir ?

Dans le même temps, tous les membres de la famille Aisin Gioro et leurs parents par alliance, qui sont internés avec eux, se sont réunis dans la « chambre à coucher impériale ». C'est Puyi qui, dans son angoisse, leur a soumis cette affaire explosive et inattendue. Il ne sait comment y faire face, et a demandé à tous de lui donner « des conseils pour une mesure d'urgence... »

Cette réunion n'a plus rien à voir avec les « délibérations » qui avaient lieu naguère en présence de l'Empereur. A l'époque, les ministres, après avoir échangé quelques mots, se contentaient d'écouter ses ordres, la tête baissée... Maintenant, ils se battent pour prendre la parole, et Puyi reste là à les écouter, aussi alerte qu'un coq en bois. On n'entend plus comme jadis annoncer les « ordres impériaux » l'un après l'autre, suivis de la déclaration : « Entériné ! » ou « A mettre en vigueur ! » Plus rien de ces voix qui disaient toutes ·en écho : « Merci pour la grâce impériale ! » Aujourd'hui, les conseillers argumentent sans égard aucun pour l'Empereur et, de temps à autre, on entend même des critiques. Cela n'est même plus comparable à la « délibération » de Tianjin, lorsqu'il s'est agi d'enlever son titre de noblesse à Wenxiu ; c'était le « décret impérial » d'un Empereur à l'autorité encore intacte. Alors que, maintenant, Puyi est sens dessus dessous, l'esprit et le cœur bouleversés. Pour garder la « Dame précieuse du Bonheur », il n'hésiterait pas à se jeter dans l'eau bouillante et à marcher sur le feu !

Mais il est tout à fait démuni, il n'a pas les moyens de combler l'immense faille qui s'est ouverte entre Li Yuqin et lui. Les gens de son clan ont encore moins que lui le pouvoir d'effacer les blessures causées par l'Histoire et la situation présente dans l'esprit et le cœur de la jeune femme. « La délibération impériale » a donné un résultat. Une « résolution » en trois points est votée à l'unanimité :

1) Dans les années où Puyi était au palais Tongde, il s'est, en bien des circonstances, montré blessant à l'égard de Yuqin ; le cœur de Yuqin en a été blessé à jamais ; les bases d'un sentiment durable manquent ;

2) Etant donné qu'il existe entre Puyi et Li Yuqin une importante différence d'âge, il leur est difficile d'avoir les mêmes intérêts et des penchants communs, et leurs sentiments en souffrent ; par conséquent, il leur serait difficile de vivre harmonieusement ensemble :

3) Enfin, Puyi est en ce moment en prison et soumis à la réforme, sa libération n'est pas encore en vue...

Jadis, qu'on fût ministre ou parent, on devait impérativement exécuter la parole de l'Empereur, qu'on la comprît ou non. Maintenant, c'est exactement le contraire : quoique la « délibération » soit de caractère consultatif, comme ses conclusions correspondent à la réalité objective, l'Empereur est contraint de les admettre, même si, sur le plan du sentiment, il ne les « comprend pas ». C'est pourquoi il ne peut que déclarer devant tous qu'il va s'y conformer, qu'il ne peut plus gâcher la jeunesse et le bonheur de Yuqin, et qu'il doit la laisser choisir sa nouvelle vie selon sa propre volonté !

Après quoi, il va la retrouver.

— Puisqu'il en est ainsi, lui dit-il, je ne peux pas te forcer... (Ses yeux sont pleins de larmes.) Jadis, je t'ai manqué d'égards ; aujourd'hui, je puis d'autant moins bâtir mon bonheur sur ta souffrance...

Le cœur des femmes est tendre. En entendant ces paroles, Yuqin sent la pitié l'envahir et, à nouveau, elle pleure.

— Ne dis pas cela, ne dis pas cela..., balbutie-t-elle.

— J'espère qu'après notre divorce nous resterons amis, ou frère et sœur...

Il la regarde si intensément, il a l'air tellement sincère !

— Bien sûr ! Bien sûr...

— Quand nous nous serons séparés, pourras-tu encore venir me voir ici ?

— Tant que nous avons été mari et femme, nous étions amis ; sans ces liens de mariage, nous le resterons..., dit-elle en pleurant. Je continuerai à prendre soin de toi ; quand tu auras achevé ta réforme, j'en serai tellement heureuse pour toi...

Cette nuit-là, ils ne peuvent dormir ni l'un, ni l'autre. Tous deux sont terriblement malheureux !

Divorcer, quelle qu'en soit la raison, cause toujours une grande souffrance. Mais celle de la femme dépasse souvent de beaucoup celle de l'homme ! Le lendemain matin, Li Yuqin a les yeux gonflés par les pleurs...

A l'heure des adieux, Puyi la raccompagne jusqu'à la porte d'entrée. Ils s'attardent un moment sur les marches, leurs mains étroitement enlacées...

Les flocons de neige dansent dans le ciel. Alors qu'elle est déjà très loin, Li Yuqin s'est retournée. A travers le « brouillard de neige » elle entrevoit la silhouette confuse d'un homme, debout sur le seuil...

Puyi est resté là, oui, il l'a regardée de tous ses yeux jusqu'au moment où elle a disparu. Maintenant il baisse lentement la tête et se perd dans la contemplation douloureuse de traces légères dans la neige : des pas, des pas qui s'éloignent petit à petit...

XXXI

Après le divorce

Au sortir de la cantine, Li Yuqin traverse la rue, car tous les jours, après le dîner, vient le temps que, selon son « programme », elle réserve aux études. Aujourd'hui, des camarades l'attendent dans sa chambre pour « discuter » de quelques points de *L'Economie politique*. Naturellement, elle est pressée de les rejoindre.

Avec sa veste blanche et son pantalon « bleu de Pékin », déteint par le lavage, elle paraît particulièrement nette et simple ; les papillons noués à ses nattes et son visage éclatant de santé mettent en évidence sa jeunesse et son entrain ; le teint délicat, la douceur des yeux, le sérieux déterminé des lèvres la rendent encore plus belle ; on la sent plus mûre qu'autrefois.

Devant une « résidence d'accueil » qui se trouve juste en face, elle voit plusieurs cars en stationnement. Et, comme elle jette machinalement un coup d'œil dans cette direction, elle ne peut empêcher son cœur de battre la chamade : qui est cet homme assis là, dans ce car, avec ce visage long et maigre, cette bouche légèrement saillante et cette belle paire de lunettes ! Elle l'observe avec toute son attention, elle écarquille les yeux... Mais oui ! Elle en est sûre : C'est Puyi ! C'est bien Puyi...

Elle court dans sa chambre, désemparée. Elle n'y tient plus, fait les cent pas, ressort sous les arbres de la cour, le cœur palpitant follement.

Bien que le divorce ait été prononcé, elle pense encore à lui ! Bien qu'elle ait passé plus de deux ans dans cette prison qu'était la Cour impériale, malgré la froideur qu'il lui témoignait alors et qui a laissé des traces dans son cœur, bien qu'elle l'ait attendu en vain dix ans et qu'il lui ait valu tant de déboires, elle lui reste attachée. Il l'a tout de même aimée, à sa façon, quand ils étaient ensemble. La longue période de séparation qu'ils ont traversée ensuite a fini par éveiller en lui un amour sincère. La vie difficile qu'elle a menée loin de lui et l'attente de son retour ont suscité sa tendresse et, après leurs retrouvailles, il y a eu ces nombreuses visites qui, rétablissant entre eux les rapports d'un mari et d'une femme, l'ont attachée à lui encore davantage... Et puis, il n'a plus une seule personne qui lui soit chère. Et puis ils se sont promis de rester, en dépit de tout, unis comme frère et sœur!

Par conséquent, depuis son dernier retour de Fushun l'an passé, Li Yuqin a continué à écrire à Puyi, pour le consoler, pour l'encourager. Elle lui a souvent envoyé des objets d'usage quotidien... En février de cette année, quand elle a reçu l'arrêt de divorce du tribunal de l'arrondissement de Kuancheng, elle s'est cachée dans un coin pour pleurer.

Avant le divorce et après, Li Yuqin n'a cessé d'être prise dans des contradictions et des souffrances profondes: les conceptions traditionnelles, ancrées dans son âme, dans son cœur de femme ouvert à la bonté, ramenaient constamment ses pensées vers lui, l'obligeaient à s'inquiéter pour lui...

Li Yuqin, après avoir bien réfléchi, a pris finalement une décision: « Il faut absolument que je le voie!... S'il souffre encore, s'il a encore de l'amour pour moi... peut-être pourrais-je maintenant me remarier avec lui... »

Elle est sortie de sa chambre, et se dirige vers la résidence où Puyi et ses compagnons sont de passage...

Pour donner aux prisonniers une éducation plus vivante et plus concrète, le « Camp d'administration des criminels de guerre » de Fushun a organisé au cours de l'été 1957 une tournée de visites à Shenyang, Anshan, Changchun et Harbin. Puyi, qui y participe, est dans un état d'émotion et de joie extrêmes. Avant de se rendre à Changchun, lui et ses compagnons sont allés d'abord à Anshan visiter le Complexe sidérurgique. Sur ce terrain que les Japonais avaient « abandonné aux Chinois pour cultiver le sorgho », l'ancien Empereur a été extrêmement touché par l'ardeur et l'abnégation des ouvriers qui, en l'espace de trois années seulement, ont réussi à reprendre la production ; il a été impressionné par l'accroissement de la production annuelle, qui a atteint le niveau de la production totale des trente et un ans passés sous le pouvoir des Japonais et celui du Guomindang réunis. A Shenyang, lors de la visite du Réservoir de Dahuofang, c'est avec enthousiasme qu'il a contemplé ce spectacle imposant et songé au bel avenir qui s'annonce...

En montant dans le train pour Changchun, avec cette émotion et cette fierté dans le cœur, Puyi éprouve cependant tout à coup un sentiment indéfinissable...

Changchun, cette ancienne capitale de l'Etat fantoche du Mandchoukouo, rebaptisée alors « Nouvelle Capitale », lui avait apporté tant d'espoirs ! Aujourd'hui, elle lui rappelle tant de souvenirs amers ! Le 8 mars 1932, à trois heures de l'après-midi, quand il avait mis le pied sur le quai de la gare de Changchun, les fanfares et les acclamations qui l'avaient accueilli commençaient déjà à le porter à la place de traître de grande envergure qu'il avait assumée ensuite ; la nuit du 11 août 1945, alors qu'il fuyait dans la panique, le grand feu qui avait embrasé le ciel au sud-est, du côté du palais Tongde, avait détruit en même temps l'autel de la « Divinité qui éclaire le Ciel » et le précieux trône impérial qui s'était placé sous sa protection... Ces quelque quatorze ans — plus de cinq mille quarante jours et nuits —, comment les a-t-il vécus, mort d'angoisse, ivre de rêves ? Au cours de ces quatorze années, combien a-t-il apporté de malheurs au peuple du Nord-Est, d'humiliations à la patrie ?... Et maintenant, comme le train s'approche de plus en plus de Changchun, une autre personne hante sa pensée, y réveillant une vive douleur. Elle a été en ces temps-là le bouclier qui le protégeait des Japonais, le jouet qui dissipait ses soucis. Lorsqu'il a commencé à comprendre combien il était coupable et pris la décision de rompre avec son passé, c'est elle encore qui lui a apporté le réconfort et l'espoir... Mais, phénomène curieux et pour lui inattendu, de ce moment où il s'est laissé aller, dans une ivresse aveugle, à l'estime de soi enfin retrouvée, le soutien qu'elle avait été pour lui jusque-là avait disparu, ce qui, au fond, était bien naturel... Après leur divorce, il a souffert, mais il sait aussi, naturellement, que pour elle ce fut encore plus dur. Or un homme lucide et raisonnable doit par tous les moyens se libérer le plus tôt possible d'une telle souffrance, et libérer en même temps la personne qui en pâtit avec lui...

Dans le souvenir de Puyi les choses s'étaient passées ainsi : quand il avait rapporté au directeur du camp la conversation qu'il venait d'avoir avec Yuqin, celui-ci avait aussitôt cherché des moyens d'arranger les choses. Mais c'est lui, Puyi, qui avait dit :

— Non, je suis plus âgé que Yuqin. Avec moi, elle ne pourra être heureuse... Elle a fait assez de sacrifices comme cela. Aujourd'hui que nous sommes libérés, il faut qu'elle le soit aussi...

Dans les yeux du directeur était passé un éclat de plaisir et d'admiration.

— Tu as une très bonne attitude, très bonne...

Quand la loi a sanctionné la fin de leurs rapports de mari et de femme, il a noté, lui, Puyi, dans son Journal : « Il convient que Li Yuqin suive sa propre volonté. La société a subi de profonds changements, il faut qu'elle aussi en profite, qu'elle respire au rythme de cette société et partage son destin, semblable aux millions de jeunes Chinois qui peuvent maintenant jouir de la douceur du soleil... »

Le directeur avait lu cela et remarqué d'un ton pénétré :

— C'est vrai, ce que tu dis, tout est en train de changer, et toi aussi !... Puyi, tu ne veux pas bâtir ton bonheur sur le sacrifice des autres, c'est une attitude juste !

Ce « passé » n'est révolu que depuis six mois, et Puyi croit encore entendre ces paroles du directeur. Jamais il n'aurait pensé alors qu'il viendrait à Changchun et serait logé à deux pas de la Bibliothèque municipale ! Depuis deux jours qu'il est là, son cœur ne trouve pas de repos...

A la « Résidence d'accueil », Li Yuqin n'a pu voir Puyi. Elle est retournée dans sa chambre, tout à la fois déçue et soulagée...

Le lendemain, en revenant de son travail, elle achète des fruits pour Puyi, ceux qu'il aime le mieux, et se dirige encore une fois vers l'hôtel. Un employé de service lui dit que Puyi n'est pas sorti, et lui propose gentiment de monter le prévenir.

Dans la loge, Li Yuqin attend, les yeux fixés sur l'escalier, guettant ce bruit de pas si familier... Elle va et vient dans la pièce, si émue qu'elle entend presque le battement de son propre cœur... « Que va-t-il dire quand il me verra ? Et moi, par où commencer ? Faut-il lui parler de cette idée qui m'a effleurée l'autre nuit ?... »

Cette fois, alors qu'elle l'attend, elle n'est pas dans le même état d'esprit qu'il y a quatorze ans, au palais Tongde, ni dans celui qui était le sien lors de sa première visite au Camp de Fushun deux années auparavant. Elle est la proie de sentiments complexes et douloureux où se mêle aussi une sorte de mauvaise conscience.

Elle attend. Elle écoute. Le temps est terriblement long, si long qu'elle se sent presque mal. Que se passe-t-il ? Pourquoi le garçon ne redescend-il pas ? Oh ! je comprends, la situation est embarrassante : Puyi se demande s'il doit me recevoir dans la loge ou me faire monter. Peut-être devrions-nous aller faire un tour ensemble dans la rue ? Sans doute est-il en train de changer de vêtements, à moins qu'il ne cherche son sac — cet homme-là a toujours perdu quelque chose[1] ! Mais oui, je sais ! il y a sûrement un programme pour ce soir, il est en train de demander une autorisation d'absence...

En haut de l'escalier apparaît la silhouette de l'employé qui est allé porter le message. Li Yuqin écarquille les yeux pour regarder derrière lui. Elle s'attend à voir Puyi et cette façon qu'il a de rajuster de temps à autre ses lunettes, un Puyi au visage radieux. Tout son sang afflue à ses tempes, elle n'a plus les pieds sur terre...

---

1. La remarque n'est pas gratuite : l'ancien Empereur, qui n'avait « jamais rien fait tout seul sauf manger et aller aux W.C. », éprouva toujours beaucoup de mal à s'acquitter sans aide des petites tâches pratiques et à ne pas semer ses objets personnels. (D'après les Mémoires de Li Shuxian, dernière épouse de Puyi.)

Mais, derrière le messager, rien qu'un couloir vide, un escalier vide. Pas le moindre bruit de pas annonçant une autre arrivée : personne ne l'accompagne...

« Peut-être veut-il que je monte chez lui ? » Yuqin reprend le sac de fruits et se dirige vers l'escalier à la rencontre du garçon de service.

Mais lui regagne à grands pas la loge, où il reste debout à l'attendre. Il tient dans la main une feuille de papier :

— Un message pour vous...

Elle l'ouvre en hâte. Deux lignes d'une écriture familière lui sautent aux yeux : « Nous avons divorcé, il vaut mieux ne plus nous voir ! Puyi. »

La honte et l'humiliation la frappent en plein visage. La douleur du choc est si forte qu'elle a la tête en feu ! Elle voudrait disparaître à tous les regards...

Elle est sortie de la loge en courant. Après l'avenue Staline, elle s'élance dans un parc dont les bosquets profonds lui offrent un abri où pleurer de toute son âme...

« Quelle gourde tu fais ! Tu n'as vraiment pas de fierté !... » Elle s'accable de tous les reproches : « Il avait dit qu'après le divorce on resterait encore frère et sœur — ou amis — et toi, tu l'as cru !... Réfléchis un peu, c'est toi qui as voulu le divorce. N'était-ce pas le rejeter ? Et tu voudrais qu'il ne te garde pas rancune ?... Et puis il a beau avoir fait des progrès, s'être réformé, il a tout de même été Empereur pendant de nombreuses années : son goût de l'apparat, son assurance de grand seigneur, comment pourrait-il s'en être débarrassé du jour au lendemain ?... La passion te fait perdre la tête, ma pauvre fille, vraiment tu n'as pas de fierté ! »

Elle est séparée de lui par une rue mais la distance entre eux est plus grande qu'entre les deux pôles. En ce moment, Yuqin se souvient des années passées dans le palais Tongde, au pavillon Qixi ; il y avait seulement un mur entre eux deux et quelquefois, lorsqu'elle se sentait trop seule, elle aurait bien voulu le voir mais ne le pouvait. Une tristesse glaciale la pénétrait. Parfois aussi elle l'apercevait par la fenêtre, qui s'amusait dans la cour avec son frère et ses neveux. Elle n'osait pas descendre les rejoindre — parce qu'elle n'était qu'une fille d'origine très pauvre, alors que lui, il était l'Empereur, l'authentique Fils du Ciel, Maître de tout !...

« Ça ne te suffit pas, ce genre de vie ? se demande-t-elle. Actuellement, alors qu'il ne s'agit pour lui que d'une courte rémission dans sa vie de prisonnier, il est déjà inaccessible ! Le jour où il sera vraiment libéré, qu'est-ce que ce sera !... Ce n'est plus la peine de te retourner le cœur pour lui. Il ne faut plus l'aimer ! Il faut rompre avec lui radicalement ! Radicalement !... »

Et comme lui viennent ces pensées, ses larmes peu à peu s'arrêtent.

Elle est sortie lentement des bosquets, touchée aussitôt par le calme, l'harmonie, la vitalité sereine de tout ce qui l'entoure. Le soleil couchant a recouvert toute chose d'un léger voile de soie rose, sous lequel les ondes vertes de l'étang reflètent, lointaines, les montagnes artificielles et, toutes proches, les fines branches des saules. Magnificence des lotus, ébats aquatiques des hérons argentés, splendeur d'un paysage qui attire bon nombre de promeneurs.

Li Yuqin suit les allées bordées de fleurs éclatantes ; elle a repris sa marche, elle va de l'avant...

XXXII

L'histoire tourne une nouvelle page

Li Yuqin et une camarade plus âgée — elle a près de quarante ans — se promènent dans une allée bordée de fleurs.

— Je ne comprends vraiment pas pourquoi, depuis le temps que tu as quitté Puyi, tu n'as jamais pensé à refaire ta vie. C'est bizarre, quelle que soit la personne qu'on te présente, tu n'es jamais d'accord...

— Je pense..., dit Li Yuqin sans lever le nez (elle a entre les mains un ouvrage de tricot[1]), je pense que je viens de m'engager dans un travail auquel je ne connais rien et que je dois y investir tous mes efforts...

— Ce n'est pas contradictoire..., poursuit sa camarade. D'ailleurs, tu travailles très bien, tout le monde te comble d'éloges !

— C'est pour m'encourager...

Leur promenade dans l'île située au milieu du Lac du Sud les amène en face de petits bateaux qui flottent sur les eaux turquoise ; elles s'assoient sur la pelouse...

— Je vais être franche avec toi ! Si je t'ai invitée à te promener ici, c'est dans une intention particulière...

La camarade choisit un petit caillou, et le lance à la surface de l'eau, pour faire un ricochet.

Yuqin relève la tête et la regarde :

— Qu'est-ce que tu...

— Je vais te proposer un fiancé, à toi, déclare Shang en détachant bien ses mots, et elle pointe son index sur Yuqin, qui a rougi.

— Oh ! moi qui croyais que tu... que tu...

— C'est un garçon chaleureux, intelligent, ouvert et franc,

---

1. Les Chinoises tricotent souvent en marchant.

et qui, en plus, a beaucoup d'humour, dit l'amie. (Et elle continue sa présentation avec la vélocité d'un tir au canon :) Il a beaucoup de talents, une grande capacité de travail, il aime la littérature et l'art, il s'y connaît en musique, il lit la littérature classique et parle joliment l'anglais[1]...

— Arrête! s'exclame Yuqin, le front sévère. Si quelqu'un prétend me présenter à un fiancé sans un défaut... je n'y crois pas!

Et là-dessus, elle se lève.

— Oh! ne pars pas, dit Shang en la retenant. Tout ce que je viens de te dire est vrai...

— Je n'y crois pas!

— Pourtant c'est ainsi! Il est de Shanghai, c'est un garçon très bien... il travaille à la radio comme technicien...

Elles continuent à marcher le long de la pelouse. Sur le rivage de l'île qui est au milieu du Lac, il y a plusieurs pêcheurs à la ligne. Parmi eux, un homme avec des lunettes — il paraît avoir dans la trentaine — vient justement d'attraper un gros poisson, qui se débat encore...

Shang se lève joyeusement.

— Une belle prise! s'exclame-t-elle.

— Ma foi oui! répond le pêcheur. C'est grâce à toi... puisque c'est toi qui m'as demandé de venir là et de pêcher. Il fallait bien que j'attrape quelque chose!

— Eh bien, ce soir je le ferai cuire à la vapeur pour toi! dit Shang en s'approchant de lui. Ça va, deux poissons, ça suffit! Maintenant je te confie une autre tâche.

— Laquelle, demande le jeune homme, très surpris, alors que son poisson frétille encore dans ses mains.

— Quand on fait une promenade au Lac du Sud, est-il permis de s'abstenir d'un tour de canotage? (Et aussitôt elle donne ses « instructions » :) Va vite me louer un canot!

— Tu t'intéresses à ce sport? demande le jeune homme en ramassant ses gaules.

Shang éclate de rire :

— Bien sûr! Et depuis que je suis arrivée à Changchun, je n'ai pas encore eu l'occasion de le pratiquer.

_____

1. C'est la description que donne Yuqin de son mari dans ses Mémoires.

— Parfait! s'écrie joyeusement le jeune homme.

Le pêcheur de tout à l'heure rame maintenant avec la plus grande énergie dans un canot où sont assises Shang et Li Yuqin. La barque passe sous l'arche du pont, effleure les saules pleureurs du bord, gagne le milieu du lac...

Shang donne une pomme tout épluchée au jeune homme:

— C'est toi qui as la peine, à toi la priorité.

— Mais...

Ses mains tiennent les rames, d'un haussement d'épaules il exprime son impuissance: Comment la prendrait-il?

— Bon! Mords-en toujours une bouchée!

Elle approche le fruit de sa bouche. Il la regarde et, contraint d'obéir, en croque un morceau.

— Petit Huang, tu n'as pas encore répondu à la question que je t'ai posée tout à l'heure! dit Shang en faisant les gros yeux.

— Quelle question?

Le jeune homme jette discrètement un coup d'œil sur Li Yuqin assise à l'arrière du canot.

— Quelle question? (Shang a froncé les sourcils.) Qu'est-ce que tu penses faire concernant la camarade de la bibliothèque? Vas-y, tu peux parler. Cette personne qui est ici, c'est mon amie, ce n'est pas une étrangère!

— Hum, hum... (Il se met à rire.) A en croire ta présentation, naturellement, elle est on ne peut mieux!

— Et à ton avis, à toi? reprend Shang, qui ne le lâche pas comme ça.

— Son écriture est plutôt belle; ses poèmes sont d'un bon niveau, c'est une Li Qingzhao[1]...

— Bon. Et son passé?

— Quelle importance? C'est un malheur qu'elle a eu... (Il continue à manier vigoureusement les rames, les yeux fixés sur la surface de l'eau.) Elle a besoin d'autant plus de sympathie, il faut lui donner davantage encore de chaleur...

— Cela veut dire que tu es intéressé par l'affaire?

---

1. Poétesse célèbre de l'époque Song (1084-1155?) cf. Li Ts'ing-chao, Œuvres poétiques complètes, trad. de Liang Paitchin. Connaissance de l'Orient, Gallimard, Paris 1977.

Shang aime nager. Il fut un temps où elle pratiquait activement la natation. Aujourd'hui elle ne veut pas, naturellement, manquer l'occasion de s'exercer. Alors, tout en parlant avec Petit Huang, elle commence à se déshabiller... et apparaît en maillot de bain.

— Peu importe mon intérêt, dit le jeune homme, je m'en remets à toi, et il continue à ramer de toutes ses forces.

— Alors, il faut tout d'abord que vous vous rencontriez. Shang a son bonnet de bain à la main.

— Quel jour?

— Aujourd'hui!

— Comment ça, aujourd'hui? demande Petit Huang, dont les bras s'immobilisent. Il tourne la tête et regarde avec étonnement la camarade Shang.

— Oui, aujourd'hui. A l'instant même! dit-elle. Tenez, je vais vous présenter l'un à l'autre. (Et désignant Petit Huang, elle dit à Li Yuqin:) Voici cette personne qui travaille à la radio, un homme chaleureux, intelligent, franc, plein de talents, qui s'y connaît en littérature et en art et qui parle l'anglais! (Après quoi elle s'adresse à Petit Huang:) Voici Li Yuqin, de la bibliothèque!

— Ah!

Petit Huang est stupéfait.

Yuqin cache son visage dans ses mains, confuse.

Shang rit de bon cœur:

— La belle affaire! La première fois, on ne se connaît pas, et à la deuxième on se lie d'amitié. Vous êtes déjà l'un et l'autre mes meilleurs amis. J'espère que vous allez le devenir entre vous. Au revoir!

Debout sur le bord du canot, elle a sauté dans l'eau. L'embarcation a viré brusquement sous la poussée de ses pieds...

A partir de ce moment les deux jeunes gens se retrouvent régulièrement... De jour en jour, ils se connaissent mieux. Chacun d'eux a le sentiment que la présentation faite par Shang reflétait la réalité, ou plutôt qu'elle était en dessous de la réalité.... On les voit assis sur les bancs du parc, ils parlent du bonheur: qu'est-ce que c'est, le bonheur?

Ils se promènent à pas lents sur la pelouse, chacun exposant son idéal.

Ils apportent des livres pour discuter des problèmes difficiles qu'ils rencontrent dans leurs études.

Ils organisent de joyeux rendez-vous chez Li Yuqin...

Un an passe, leur amour se renforce de plus en plus, ils se marient. Les caractères rouges de la double joie[1] sont collés sur la porte.

Petit Huang et Yuqin, en habits de fête, une fleur rouge à la poitrine, se saluent gracieusement sous les applaudissements et les vivats de leurs parents et amis...

L'un des invités, qui apparemment joue le rôle du chef de protocole, crie à la cantonade :

— Maintenant, nous allons prier la camarade Li Yuqin de nous chanter une chanson, d'accord ?

— Bravo !

Les applaudissements crépitent.

— Qu'elle nous chante le *Mariage de l'Immortelle*[2], crie une voix, comme elle l'a déjà fait un soir !

— Oui ! C'est cela, ce que chante la septième immortelle sur le chemin de son retour sur la terre.

Et le chef du protocole lance le signal des applaudissements.

Li Yuqin fait la révérence et sa voix heureuse s'élève : « ... Tu laboures la terre pendant que je tisse, je puise de l'eau à la palanche pour que tu arroses le jardin... La chaumine est délabrée, mais elle nous abrite de la pluie et du vent. Aux époux qui s'entr'aiment, le malheur même est doux... »

Sa voix est si mélodieuse, si prenante. Et tel est son cœur : comblé d'un bonheur, d'une douceur infinis...

Au printemps de 1961, la Consultation politique nationale a désigné un groupe pour constituer des archives culturelles

---

1. Les deux caractères parallèles qu'on colle sur la porte des nouveaux mariés.

2. Un morceau traditionnel d'un opéra populaire qui conte le mariage d'une jeune Immortelle, fille du Ciel, conclu contre la volonté de son père, avec un paysan pauvre : ils connaîtront la misère, mais peu importe puisqu'ils s'aiment.

et historiques. Li Yuqin a été invitée à se rendre à Pékin. Au cours du dîner donné en l'honneur des participants, elle rencontre de nouveau Puyi[1] !

Il porte un costume de drap gris, il paraît si jeune et si dynamique! Lorsqu'il aperçoit Li Yuqin, son visage s'illumine et il vient à sa rencontre à grands pas...

L'Histoire a tourné une nouvelle page. Le peuple a donné à Puyi du sang nouveau, l'époque a lavé de ses poussières le cœur de Li Yuqin. Le Parti a transformé le dernier de ses empereurs en un citoyen socialiste et fait de la « Dame impériale » une personne éclairée et consciente... Le nouvel esprit, le nouvel air du temps ont déblayé les malentendus que le passé avait accumulés entre Li Yuqin et Puyi. Dès le premier instant de leur nouvelle rencontre, ils se retrouvent comme de vieux et très chers amis. Ils se saluent en se souhaitant tout le bonheur possible. La sollicitude qu'ils se témoignent l'un à l'autre vient du fond du cœur...

Le lendemain, Puyi invite Li Yuqin à venir le voir dans son bureau. Il lui parle de quantité d'autres choses et d'autres personnes, par exemple du collègue qui travaille en face de lui: c'est Tu Lüming[2]...

Li Yuqin est venue visiter le nouvel appartement de Puyi au siège de la Consultation politique, un grand appartement clair, avec trois pièces, dont deux bien ensoleillées.

— Comment? dit Yuqin en souriant après avoir fait un tour dans le logis, il n'y a même pas de service à thé?

— C'est que... j'oublie toujours d'en acheter un, dit Puyi, qui rit en rajustant ses lunettes.

— Même quand on vit seul, il faut ranger un peu, ajoute Yuqin en remarquant le désordre des vêtements, jetés pêle-mêle!

— Oui, oui, marmonne Puyi, qui les ramasse en hâte.

---

1. Après sa libération Puyi a été un an employé au Jardin scientifique de Pékin. Il est ensuite chargé au Bureau du Comité des études historiques de rédiger ses *Mémoires* (qui paraîtront sous le titre *La première moitié de ma vie*, en 1964, à Pékin). La même tâche sera demandée à tous les autres acteurs de ce drame.

2. Ancien général du Guomindang arrêté à la Libération et amnistié en même temps que Puyi.

— Il te faut quelqu'un pour s'occuper de toi, sinon, ça n'ira pas. (Et Li Yuqin précise:) Tu dois te chercher une femme...

— C'est que... pour le moment, je n'en ai pas encore trouvé de convenable.

— Il suffit qu'elle soit gentille.

— Hé oui! (Puyi la regarde en riant.) Quand je l'aurai trouvée, sûrement... je t'écrirai pour te demander ton avis[1]!

Li Yuqin aussi s'est mise à rire...

Pour recevoir son invitée, Puyi a fait venir également quelques membres de sa famille. Autour de la table s'échangent de joyeux propos. L'Empereur du dernier Empire et la Dame précieuse du dernier Empereur, aujourd'hui simples citoyens de la République populaire de Chine, se lèvent avec émotion pour porter des toasts.

Puissiez-vous à jamais en avoir fini avec les cauchemars d'hier!

Puissiez-vous connaître un avenir radieux[2]!...

---

1. Puyi s'est marié en 1962 avec Li Shuxian, une infirmière, qui a, elle aussi, écrit ses Mémoires.

2. Comme on le sait, il n'en sera pas tout à fait ainsi. Li Yuqin et son mari seront inquiétés dans les premiers temps de la Révolution culturelle. Puyi est mort, presque à ses débuts, d'un cancer des reins. Cf. ci-dessous, annexe IV.

ANNEXES

ANNEXE I

A propos de Cixi (Tseu Hi)
et du choix de Puyi comme Empereur

Cixi (1834-1908), jeune fille de noblesse mandchoue, est entrée au palais comme dame de compagnie puis troisième concubine et accède au pouvoir en exilant, séquestrant, décapitant, empoisonnant ou éliminant par tous autres moyens adéquats tous ceux qui manifestent la velléité de lui résister, y compris son fils, l'Empereur Tongzhi (dix-huit ans) et son épouse Alute, enceinte. Elle régnera ainsi une cinquantaine d'années sur la Chine comme impératrice douairière, gouvernant de fait, derrière la tenture de soie qui la protège des regards (parce qu'elle est une femme), un empire dont les titulaires sont des enfants, des adolescents ou des « malades ».

Après avoir porté Guangxu au trône à trois ans en le choisissant dans la branche de la famille impériale qui a prouvé son dévouement à sa propre personne, dès qu'il manifeste une volonté politique (vingt-trois ans plus tard), elle fait appel à Yuan Shikai, qui commande la seule armée puissante et moderne de la Chine (Armée du Beiyang), pour écraser la réforme commencée par l'Empereur (« Réforme des cent jours »). Elle exécute ou force à l'exil tous les lettrés qui ont été ses conseillers et enferme Guangxu, « atteint d'une terrible maladie », pour le restant de ses jours, sans oublier de pousser dans un puits la concubine Zheng, aimée de Guangxu et qui refusait d'obéir à l'ordre de se donner la mort. Cixi gouverne alors dix ans au nom de l'Empereur séquestré, puis, le grand âge venant, dans la crainte d'une prise de pouvoir de Yuan Shikai, elle fait venir au palais, comme « fils adoptif » de l'Empereur en titre, le neveu de ce dernier, Puyi, alors âgé de deux ans et quelques mois.

Le lendemain, Guangxu rend l'âme après avoir absorbé des médicaments pour la grippe, et le surlendemain, pour une cause restée inconnue, Cixi le suit dans l'autre monde.

ANNEXE II

A propos des concubines impériales

Pour assurer sa descendance et entretenir le culte des Ancêtres, l'Empereur devait avoir beaucoup de descendants mâles et donc beaucoup d'épouses. Ces « épouses impériales », que nous avons pris l'habitude d'appeler « concubines », sont classées en neuf catégories, la plus élevée correspondant à l'Impératrice, la dernière à l'ensemble des dames de palais et concubines ordinaires, d'autant plus nombreuses par catégorie que celle-ci est plus basse (on doit, naturellement, y ajouter les servantes). Chacune n'a qu'une chance infime d'être « honorée » par l'Empereur : il faut pour cela qu'elle sorte du lot par un tirage au sort (à la courte paille, dit-on, avec des brindilles de bambou). Si, à partir de là, il arrive qu'elle plaise, qu'elle soit enceinte, qu'elle mette au monde un fils — et qu'il vive en dépit de tout ce qui sera tenté pour l'en empêcher —, elle a des chances d'être promue à un grade élevé. Sinon, elle ira rejoindre le lot de celles qui vieillissent dans un pavillon à l'écart. Sous les anciennes dynasties le nombre des concubines impériales a varié entre des centaines et des milliers, sous les Qing le nombre total est limité à soixante-douze.

Les épouses de haut rang d'un Empereur défunt (l'Impératrice et les grandes favorites) sont toutes autant de « concubines-mères » pour le nouvel Empereur, fomentant dans les coulisses du palais des complots politiques et personnels qui tournent souvent à la tragédie (C'est le cas pour le mariage « en doublé » de Puyi, qui entraîne le suicide de sa propre mère.) On notera qu'à l'époque où se déroulent les événements de ce récit le gouvernement républicain a déjà interdit la polygamie, mais outre que la loi n'est pas toujours respectée, même dans les rangs des républicains, il n'est pas question, naturellement, qu'elle modifie les mœurs de ce monde à part que constitue la Cour impériale, dont la continuité est protégée par le « Contrat de Bienveillance ».

ANNEXE III

A *propos des eunuques*

Dès les dynasties chinoises les plus anciennes, les eunuques ont joué un rôle important puisqu'ils étaient les seuls à pouvoir pénétrer dans toutes les parties du palais, confidents et conseillers des femmes aussi bien que de l'Empereur. Ce privilège leur avait été dévolu parce qu'ils étaient censés être des serviteurs sûrs et dépourvus d'ambition dans la mesure où ils ne pouvaient avoir de descendance, ce qui faisait d'eux des rivaux redoutables des fonctionnaires lettrés et des ministres en titre. De cent mille qu'ils étaient sous les dynasties précédentes, ils sont encore trois mille à la mort de Cixi, mais un grand nombre d'entre eux s'enfuient au moment de la Révolution de 1911. Il est interdit d'en recruter d'autres, ce qui se fait pourtant, et ils sont encore mille huit cents, en 1922. En cette fin de régime, leur sagacité les pousse surtout à piller consciencieusement le trésor des Qing, qui se trouve encore mais pour peu de temps à portée de leurs mains. Puyi en prend conscience et entame une « enquête », laquelle ne peut aboutir car les eunuques mettent le feu aux pavillons qui abritent le trésor (1924). A la suite de cet incendie Puyi chasse les eunuques du palais ; seuls quelques centaines d'entre eux restent à la Petite Cour comme serviteurs et gardiens des femmes (parmi eux, les deux « geôliers » de l'Impératrice, dont il est question dans ce récit).

ANNEXE IV

Yuqin, Puyi et la Révolution culturelle

Après quelques années d'une amitié à peu près sans nuages, Yuqin et Puyi vont se retrouver face à face, et même l'un contre l'autre, du fait de la Révolution culturelle. Lorsque celle-ci commence, la rancune de la famille de Yuqin contre Puyi et contre Yuqin elle-même est loin d'être apaisée (comme on peut le voir d'après le chapitre XXIX, dont les événements sont en fait ceux qui marquent le début de la Révolution culturelle dans le microcosme familial de l'ancienne concubine impériale). C'est donc là que prennent naissance les événements dont nous allons parler. La belle-sœur de Yuqin (la cousine dans le roman) vient la trouver pour exiger d'elle qu'elle exige de Puyi une reconnaissance écrite de la façon dont il a traité autrefois Yuqin et les siens. D'abord Yuqin refuse, mais la belle-sœur, indignée, fait valoir que non seulement la famille de Yuqin a beaucoup souffert du fait de Puyi au temps du Mandchoukouo, sans jamais recevoir la moindre faveur de sa part, mais que, de plus — et c'est cela qui est parfaitement intolérable —, depuis l'avènement de la République populaire, plusieurs de ses membres ont été privés de promotions, de postes intéressants, voire momentanément de travail, parce que catalogués « parents de l'Empereur ». Yuqin, de son côté, n'est pas sans garder un souvenir amer de ses années passées à mendier un travail, surtout lorsqu'elle compare cette situation qu'elle a vécue aux mesures de faveur dont Puyi lui-même, Pujie et Puxiu, en tant que parents de l'Empereur « réformé », ont bénéficié dès leur amnistie. La « sollicitude » officielle qui entoure Puyi est encore plus évidente lorsqu'on connaît certains détails : non seulement il a reçu un poste de chercheur pour rédiger ses Mémoires (il est faux qu'on ait fait de lui un « simple » jardinier de son amnistie à sa mort) et un traitement considérable (quatre à cinq fois plus élevé que celui d'un fonctionnaire moyen), mais ce traitement a été augmenté (à sa demande) et un appartement confortable (un pavillon de cinq pièces dans un parc planté de beaux arbres) lui a été attribué après son mariage avec Li Shuxian — mariage arrangé lui aussi, dans le même souci d'assurer son confort, par les amis puissants ou renommés, anciens et nouveaux, qui s'empressent autour de lui. Il est clair que les dirigeants de la Chine nouvelle sont fiers — à juste titre — d'avoir réglé la question de leur ancien Empereur, sans verser son sang, ce qui est en effet une nouveauté historique, mais il leur faut aller jusqu'au bout et le bien traiter afin que sa situation leur fasse honneur. Puyi, mémorialiste honoré et brillant, est alors au sommet de sa réussite, si sûr de lui et si délivré des mauvais souvenirs que Zhou Enlai, dit-on, lui aurait conseillé de se méfier des « grands airs ».

Les choses vont donc pour le mieux et Puyi voyage. L'ancien Empereur de Chine ne connaît en fait, de la Chine, que Pékin, Tianjin et la Mandchourie : il y a là une lacune à combler. Il convient, en particulier, de rendre une visite pieuse aux martyrs de Nanjing, où les Japonais ont massacré en quelques jours, pour punir la résistance de la ville à leur invasion, du temps que Puyi était leur « marionnette », environ deux cent mille Chinois (non, je ne me trompe pas d'un ou deux zéros !). Au cours d'un de ces voyages, Puyi s'aperçoit qu'il est malade (1963). Soigné par les plus grands médecins il survivra encore quatre ans à un cancer des reins (atteints l'un après l'autre). Mais, entre-temps, la Révolution culturelle s'est déclenchée (1966).

Shuxian note qu'elle s'en aperçoit à la prolifération des « dazibao » sur les murs mais surtout à des mesures concrètes prises à l'encontre de son époux et d'elle-même : le salaire de Puyi est diminué de moitié, ils n'auront plus droit à la farine blanche et au riz... Ils ne s'en émeuvent pas autrement. Ce qui touche Puyi bien davantage, c'est ce qui arrive à quelques-uns de ses meilleurs amis, dont plusieurs — et des plus proches — sont les premières victimes de la Révolution. Ce sont autant de protecteurs qui disparaissent, mais surtout cela présage de sérieuses difficultés pour lui aussi : y a-t-il un lien entre leur triste sort et les services qu'ils lui ont rendus (l'aider à rédiger son livre, par exemple, le préfacer, le faire connaître par des critiques élogieuses...) ? Il peut légitimement se le demander. C'est dans cette atmosphère de jour en jour plus angoissante qu'en janvier 1967 arrive de Changchun, pour reprendre l'expression de Li Shuxian, « l'équipe des règlements de comptes ».

Avant que la délégation des « rebelles » de Changchun ne se présente dans la chambre d'hôpital où Puyi se repose après une opération, neuf lettres ont été échangées, sans résultat. La famille de Yuqin a tendance à penser que cette maladie dont l'ancien Empereur se dit atteint n'est qu'un moyen d'écarter leur requête. D'autre part, les événements se précipitent et dans leurs unités de travail, déjà, Yuqin et les siens sont catalogués « gens qui ont un problème », ce problème n'étant autre que leur « parenté » avec l'Empereur. Ils sont pressés d'obtenir un document écrit qui les débarrasse de ce « chapeau ». Ils sont décidés à ne pas revenir les mains vides.

En voyant entrer Yuqin, sa belle-sœur et un garde rouge de dix-sept ans, qui ne dira pas un mot, Puyi, qui tendait le dos depuis des jours et des jours, est terrorisé. Il blêmit, ses lèvres tremblent. A Shuxian qui lui demandera pourquoi, il répondra : « Je ne sais pas pourquoi, dès que je l'ai vue j'ai eu peur... Elle n'était plus la même... » Yuqin, de son côté, se défend de s'être montrée agressive : « Tu es malade ? » Mais, très vite, sa belle-sœur s'emporte : « Tu nous connais ? Est-ce que tu nous connais ? » Non, bien sûr que non, de la famille de Yuqin il ne connaît personne. Comment serait-ce possible ? Cela lui paraît si absurde qu'il se met à rire : « Son statut n'était pas assez haut pour que sa famille soit considérée comme la mienne ! Il n'y a que celle de l'Impératrice qui... » La belle-sœur a bondi : « C'est très étrange ! Tu ne nous as jamais reconnus comme de ta famille, tu ne nous as jamais vus, mais nous sommes maltraités, insultés, combattus sous prétexte que nous en faisons partie. Ne comprends-tu pas que ça ne peut plus durer ? » Non, il ne comprend pas, c'est absurde. Yuqin, malgré ses efforts pour rester calme, a senti la colère l'empoigner en le voyant rire. Et elle-même, il ne se rappelle plus comment il l'a traitée ? N'a-t-elle pas été enlevée à sa famille à quinze ans sous le prétexte fallacieux de lui faire faire des études, enfermée des années durant sans la permission de revoir les siens — et tout le reste ! Puyi exprime ses regrets, et à cet instant tout pourrait peut-être s'arranger si Li Shuxian n'entrait à son tour dans la « lutte ». C'est qu'elle ne peut pas supporter de le voir, lui, l'homme qu'elle aime et qui est si gravement malade, aux prises avec « l'équipe des règlements de comptes ». Assise jusque-là sur le bord du lit, elle se lève et vole à sa rescousse. Yuqin se retourne contre elle : « Est-ce que tu sais de quoi tu parles ? Est-ce que tu étais là ? Est-ce que tu as droit à la parole ? » Et Shuxian de répliquer, avec la volubilité, la passion et l'accent des « gens du Sud », obligeant tout le monde à se taire. Elle mêle les invectives à des propos où « personne ne comprend rien ». Après quoi Yuqin essaiera en vain de réveiller Puyi : « Jusqu'ici tu as toujours reconnu tes torts, à l'instant tu les regrettais, et il suffit que Shuxian intervienne pour que tu te taises ?... Si nous avons divorcé, les torts étaient de mon côté peut-être ? C'est à nous sans doute de te présenter des excuses ? » Il se tait, il se tait obstinément, se contentant, quoi qu'ils disent, d'essuyer sans fin ses lunettes... C'est bon, ils reviendront. Ils ne peuvent pas ne pas revenir.

Ils reviennent, nantis cette fois d'un texte tout prêt à être signé. Yuqin essaie de lui expliquer qu'ils sont en difficulté à cause de lui, qu'il faut qu'il fasse quelque chose. Et lui, les jambes croisées, balance celle de dessus, exactement comme il le faisait autrefois au palais, si impassible qu'il en est révoltant : « Ah bon ? » Nouvelles invectives blessantes. Yuqin a noté qu'elle est sortie de là malade de chagrin. Les choses se sont trop mal passées, et pour elle, et pour lui : elle ne voulait pas le démolir (« pipan »), mais seulement obtenir de lui quelque reconnaissance qui confirmerait sa propre version des événements d'autrefois, de quoi prouver qu'elle avait été une victime et non une profiteuse. Mais non, il refusait. Plus grande était leur insistance, plus grande était sa peur, et il refusait, refusait. Son frère Pujie, venu en visite, le morigéna à son tour, se fâcha. En vain.

Ce fameux texte fut pourtant signé, le 23 février 1967. En mars, le Comité national de Rectification mis sur pied par les Rebelles blâmait Puyi pour avoir écrit « beaucoup de choses fausses » dans ses Mémoires, *La première moitié de ma vie*, considérés désormais comme « une herbe vénéneuse ». On précisait que Yuqin et sa famille avaient eu raison d'exiger une reconnaissance des torts. Il était condamné à reverser une partie de ses droits d'auteur. Yuqin se défendit par la suite d'avoir été à l'origine de cette décision.

On peut imaginer que le retour à Changchun avec le document dûment signé avait pour les anciennes victimes un goût de victoire. Elles se réjouissaient d'être enfin « libérées ». Et se trompaient. Lorsque Yuqin arrive chez elle, son mari est déjà enfermé dans l'« étable » (ainsi étaient appelés les lieux qui servaient de prison). Elle-même est envoyée dans un « cours d'études » (« xuexiban »). Le pire est sans doute ce jour où on lui annonce que son fils (quatre ans et demi) a disparu. L'enfant, renvoyé de la maternelle où il est jugé indésirable, son père et sa mère étant « gens à problèmes », revient chez lui, trouve la maison vide et s'enfuit en pleurant, qui sait où. On le retrouve chez sa tante. Cependant, avec les mois qui passent et la bonne volonté des deux prisonniers, la situation s'améliore. Yuqin revient chez elle un an plus tard, puis son mari, et tous deux partent avec l'enfant travailler à la campagne. Yuqin y est heureuse, car elle renoue avec ses origines paysannes et retrouve la paix. Elle et son mari suivent l'évolution des mouvements politiques, elle écrit dans *Le drapeau rouge* (le journal du Parti), elle milite activement pour organiser les femmes afin de les amener à prendre conscience qu'elles sont « la moitié du ciel ». Ils reviendront à Changchun en 1972, où l'un, comme l'autre, finira par retrouver son poste.

Au moment où la « lutte pour l'obtention de la reconnaissance des torts » battait son plein, Puyi avait reçu la visite des gardes rouges. Mais ils n'étaient pas allés plus loin que la cour, aussitôt renvoyés par les responsables de quartier : la haute protection continuait à fonctionner. L'alarme passée, Puyi prend des mesures pour que l'apparence de sa maison gagne en discrétion. Il a retrouvé le droit à la farine blanche et au riz et son salaire de deux cents *yuan*.

A noter (à mes risques et périls) que Yuqin et son mari — coupable, lui, d'avoir épousé l'ancienne « Concubine du dernier Empereur » — mettront plus longtemps à se sortir d'affaire que « le dernier Empereur » lui-même. Noblesse oblige.

M.L.

TABLEAU CHRONOLOGIQUE
des événements auxquels il est fait allusion
dans le récit

1906 Naissance (en février) de Puyi dans la famille impériale des Aisin Gioro. Il est le fils aîné du prince Zhun II et petit-fils du prince Zhun I, tous deux dévoués à l'Impératrice Douairière Cixi (Ts'eu Hi) (Cf. p. 215). Puyi sera le dernier empereur des Qing, — la dynastie mandchoue qui s'est imposée en 1644 aux Hans (majorité nationale chinoise) — et, du même coup, le dernier Empereur de Chine.

1908 En novembre, Cixi appelle Puyi à la Cité interdite. Le lendemain de l'arrivée de l'enfant et de son père, décès de l'Empereur Guangxu. Le surlendemain, décès de Cixi elle-même. En décembre Puyi devient Empereur sous la Régence de son père.

1911 La révolte de Wuchang prélude à la Révolution. Sun Yatsen (« Père de la Révolution et fondateur du Guomindang, le « Parti national ») installe à Nankin un gouvernement républicain, dont il est nommé Président.

1912 Abdication de Puyi. Fondation de la République chinoise, dont le « Président provisoire » est... Yuan Shikai (cf. l'annexe I concernant Cixi). La famille impériale reste à la Cité interdite, protégée par le « Contrat de Bienveillance ».

1913 Echec de la Seconde Révolution, qui ne vient pas à bout de Yuan Shikai. Celui-ci, appuyé sur les diverses forces féodales qui tiennent encore le Nord (les « Seigneurs de guerre »), se hisse à la Présidence de la République.

1915-1916 Yuan Shikai accepte les « 21 demandes » du Japon (qui préparent l'occupation de la Chine) et monte, de sa propre initiative, sur le trône impérial. La résistance de Sun Yatsen et de son parti, qui tiennent le Sud (à Canton), lui fait échec. Yuan Shikai doit abdiquer, et en meurt.

1917 Restauration des Qing appuyés sur des Seigneurs de guerre, puis nouvelle abdication de Puyi: les Seigneurs de guerre se disputent le pouvoir.

1919 Le Mouvement du 4 mai préparé de longue date par le mécontentement grandissant des milieux intellectuels patriotes, anti-Mandchous, anti-impérialistes et anti-confucéens, éclate à l'occasion du Traité de Versailles (qui ouvre la Chine aux Japonais en accordant la satisfaction des « 21 demandes »). Le Mouvement assure du même coup la victoire de la littérature nouvelle (de langue moderne): premières œuvres de Luxun, et part en guerre contre la mentalité féodale en favorisant les idées occidentales modernes (« Science et démocratie »).

1920-1923 Alors que se prépare, se fonde (1921) et s'organise le Parti communiste chinois, les Seigneurs de guerre poursuivent leurs rivalités et il en va de même entre les princes du clan Aisin Gioro. En 1922, Puyi célèbre ses noces, d'une part avec Wanrong (comme Impératrice), de l'autre avec Wenxiu (comme Seconde épouse). Ce double choix résulte d'un compromis passé entre les grandes familles de la noblesse mandchoue.

1924 Les communistes s'allient au Guomindang (Sun Yatsen) — Le Seigneur de guerre Feng Yuxiang s'empare de Pékin et chasse la famille impériale de la Cité interdite.

1925 Puyi et la Cour se réfugient à Tianjin (Tientsin). Négociations entre les républicains et les Seigneurs de guerre pour un gouvernement de compromis. Sun Yatsen meurt à Pékin au cours de ces négociations.

1926 Communistes et Guomindaniens lancent l'Expédition vers le Nord pour venir à bout des cliques féodales et réaliser l'unité de la Chine.

1927 La victoire acquise, les armées nationalistes et communistes regagnent Shanghai, où l'aile droite du Guomindang (dirigé par Chiang Kaichek depuis la mort de Sun Yatsen) organise le « coup d'état de Shanghai »: massacre des communistes, des syndicalistes et des Guomindaniens de gauche. La répression et la « terreur blanche » s'étendent à toute la Chine (sauf dans les montagnes où Mao Zedong,

Zhu De et quelques autres résistants ont commencé à établir des bases).

1928 Chiang Kaichek occupe Pékin. Profanation des « Mausolées d'Orient » (où sont ensevelis Cixi et les derniers Empereurs Qing) : Puyi, bouleversé, se tourne vers les Japonais.

1929 Puyi est toujours à Tianjin avec sa cour, dans la Villa du repos, de plus en plus courtisé par les Japonais.

1930 Soulèvements contre Chiang Kaichek, qui lance sa première campagne « d'encerclement et d'anéantissement des Rouges ».

1931 Wenxiu, que Wanrong n'a jamais acceptée, est poussée par sa famille à demander l'annulation de son mariage avec Puyi. Celui-ci la punit en lui retirant ses titres de noblesse, mais sa rancune se tourne contre Wanrong, que la solitude et l'ennui de la vie à Tianjin poussent de plus en plus à s'étourdir avec l'opium et à chercher des aventures. — Deuxième et troisième campagnes de Chiang contre les communistes. — En septembre, à la faveur de « l'Incident de Moukden » (une provocation montée par les Japonais), l'armée japonaise du Kantô (cf. p. 22 note 1), envahit les trois provinces chinoises du Nord. En octobre, Puyi, dans l'espoir d'une Restauration, s'enfuit de Tianjin avec l'aide des Japonais (anecdote du voyage dans le coffre de la voiture) et se réfugie à Port-Arthur (Lüshun).

1932 Les dirigeants du Kantô décident la création de l'Etat mandchou », l'Etat fantoche du Mandchoukouo, dont Puyi devient « Régent ». Le nouvel Etat est déclaré « pays à cinq nationalités », parmi lesquelles la « nationalité » japonaise, « pour services rendus à la patrie ». Puyi installe sa capitale à Changchun, rebaptisée pour la circonstance « Nouvelle Capitale » (« Xin jing »), sous la surveillance étroite du Kantô et de son émissaire, le général Yoshioka.

1933 Quatrième et cinquième campagnes de Chiang contre les communistes. Le Japon se retire de la Société des nations.

1934 Intronisation de Puyi comme Empereur du Mandchoukouo sous le nom dynastique de Kangde. — Mao et ses compagnons commencent la Longue Marche.

1935 Visite de Puyi à l'Empereur du Japon Hiro-Hito. — Wanrong met au monde un enfant (une fille) qui n'est pas de l'Empereur et dont celui-ci se débarrasse à l'instigation de Yoshioka. — Rélégation de Wanrong à l'intérieur du palais : elle sombre dans l'opium et la folie.

1936 L'armée Rouge, au terme de la Longue marche, s'installe dans le Shanxi (Yan'an). Incident de Xi'an : le « Général chrétien » Zhang Xueliang s'empare de la personne de Chiang Kaichek et le contraint à s'allier avec les communistes pour lutter contre l'invasion japonaise.

1937 Puyi épouse Tan Yuling (elle a dix-sept ans) et la nomme « Concubine de la Chance ». Pujie, frère de Puyi, qui a fait des études militaires au Japon, épouse Saga Hiro, une jeune Japonaise de haute noblesse : leur premier enfant mâle sera le successeur de Puyi. En juillet « Incident du Pont Marco Polo » : les armées japonaises jusque-là cantonnées au Nord de la Grande Muraille se lancent sur le Sud. En décembre chute de Nankin, Chiang Kaichek s'enfuit et installe son gouvernement à Chongqing, capitale du Sichuan (Sétchouan, dans l'Ouest).

1938 Naissance de Huisheng, fille de Pujie et Saga Hiro au Palais de la « Nouvelle Capitale ».

1939 Défaite du Kantô en Mongolie extérieure.

1940 Seconde visite de Puyi au Japon. Il est contraint de reconnaître officiellement pour ancêtres ceux des empereurs japonais et de les honorer comme tels dans le sanctuaire dressé à cette intention dans Nouvelle Capitale pour le culte (shintoïste) de la « Divinité qui éclaire le Ciel ».

1942 Mort de Tan Yuling, empoisonnée par Yoshioka. Pressé de reprendre sur-le-champ une nouvelle concubine et craignant qu'elle ne soit une espionne, Puyi choisit parmi de nombreuses photos présentées par Yoshioka celle qui lui paraît la plus jeune et la plus naïve, la « Concubine du Bonheur » (Yuqin, héroïne de notre histoire) — elle a quinze ans.

1945 Le 8 août, l'URSS déclare la guerre au Japon et marche sur le Mandchoukouo. Le 10 août, bombardement du Jilin, le palais est frôlé par des bombes. Dispersion de ses habitants, l'Empereur, sa famille et deux cents personnes de la « Petite cour » prennent le dernier train vers le Sud-Est (pour contourner le territoire russe qui sépare le Jilin de la Corée (sous influence japonaise) et la mer Jaune. Le 15 août le Japon capitule, le 18, Puyi, Pujie et quelques-uns de ses conseillers s'enfuient dans deux avions japonais, sont arrêtés par les Soviétiques au cours de leur fuite et envoyés en Sibérie. Les rescapés de la Petite Cour, essentiellement des femmes (et leurs enfants) — parmi elles Yuqin, l'Impératrice Wanrong et l'épouse japonaise de Pujie —, seront ramenées à Changchun (en 1946) par les combattants de la Huitième Armée de route (communistes), après des mois de pérégrinations désespérées aux frontières de la Chine et de la Corée. Yuqin, libérée assez vite, rentre dans sa famille puis rejoint celle de Puxiu. Hiro, après quelques difficultés, finit par repartir pour le Japon. Wanrong, privée de drogue, meurt d'épuisement. — Discussions à Chongqing entre Mao Zedong et Chiang Kaichek pour un gouvernement de coalition contre les Japonais.

1947-1948 Poursuite de la guerre. Libération complète de la Mandchourie, descente des armées communistes sur Tianjin et Pékin.

1949 1er octobre : Fondation de la République populaire de Chine. Chiang et son gouvernement se sont retirés à Taiwan (Formose).

1950 Puyi est rendu aux autorités chinoises par les autorités soviétiques et envoyé avec ses conseillers au « Camp de criminels de guerre » de Fushun. Les troupes chinoises interviennent dans la guerre de Corée.

1952 Yuqin quitte la famille de Puxiu (revenu à Pékin en 1951, où il habite chez sa fille) et cherche du travail, n'en trouve pas ou ne le garde pas.

1955 Huisheng, fille de Pujie, obtient de Zhou Enlai pour son oncle, son père et les autres prisonniers l'autorisation d'accueillir leur famille. Yuqin reçoit après dix ans une lettre de Puyi. Elle va le voir à Fushun.

1956 Puyi est cité comme témoin au Tribunal militaire de Moukden (Shenyang) qui juge les criminels de guerre japonais. Il a suivi toutes ces années un « stage de réforme

idéologique ». — Yuqin demande le divorce. Elle obtient un poste
1956-1957 Mouvement des Cent Fleurs, suivi du Mouvement de rectification contre les droitiers.
1957 Yuqin obtient le divorce. — Huisheng se suicide avec son fiancé japonais.
1958-1959 Le Grand Bond en avant.
1959 (décembre) Amnistie des détenus de Fushun: Puyi retrouve sa famille à Pékin. Il travaille d'abord au Jardin botanique scientifique du Beihai puis est chargé d'effectuer des recherches pour le Comité d'études des documents historiques de la Conférence politique consultative du peuple chinois.
1961 Yuqin se marie
1962 Puyi est nommé au Comité national d'études des documents historiques et écrit son autobiographie. — Mariage de Puyi et Li Shuxian. — Yuqin a un fils.
1964 Publication de *La première moitié de ma vie*.
1966 Début de la Révolution culturelle.
1967 Mort de Puyi, atteint d'un cancer des reins.

TABLE

Préface 9
Comment l'Empereur marque d'un coup de pinceau
la photographie d'une fillette 13
Premières impressions 22
Une poupée étrangère sous une cloche de verre . 32
Vingt et un articles 38
Evénement heureux 45
Jeu de cache-cache avec l'écouteur 52
Le rat et les êtres humains 59
Un rêve étrange 66
Malheurs causés par des pommes 70
Enfin elle revoit ses parents 75
Les derniers jours de l'Empire fantoche
du Mandchoukouo 81
Exil et séparation 90
Les sanglots de l'Impératrice Wanrong 94
Ceux qui souffrent du même mal s'entraident ... 101
La confiscation des biens 105
Dans la caserne de Tonghua 111
Coups de canon pour le Nouvel An 118
Le retour à Changchun 122
Sous le toit d'autrui 130
Les règles de la famille impériale déchue 137
Dans l'impasse, l'espoir 146
Le dur apprentissage de la vie 151
Puyi, où es-tu ? 157
Rencontre dans le camp Fushun 165
Nombreux échanges de lettres d'amour 170
La quatrième rencontre 173

La fissure s'élargit en silence 178
Nouvel espoir 182
Un malheur ne vient jamais seul 186
La décision finale 194
Après le divorce 200
L'histoire tourne une nouvelle page 207
Annexes 215
   A propos de Cixi (Tseu Hi) 217
   A propos des concubines impériales 219
   A propos des eunuques 221
   Yuqin, Puyi et la Révolution culturelle 222
   Taleau chronologique 229

Cet ouvrage a été composé par Eurocomposition (Sèvres)
et imprimé par la S.E.P.C. à Saint-Amand-Montrond (Cher)
pour le compte des Éditions Belfond

Achevé d'imprimer en mai 1988

Imprimé en France
N° d'édition : 2168. N° d'impression : 981.
Dépôt légal : mai 1988.